Ⴔ

Den Protestantismus liebe ich, weil er so mitleidlos den religiösen Bedürfnissen der Menschen gegenüber ist. Seine Wallfahrten enden nicht an Gnadenorten, die bevorzugt sind vor anderen Orten. Protestanten mögen wallfahren, aber mehr Gnadenort als den Weg haben sie nicht. Sie feiern das Abendmahl, aber sie können nicht sagen, ab hier und nach dieser heiligen Formel, von jenem besonders gewürdigten Mann gesprochen, ist Christus zugegen. Sie können nicht sagen, dieses Öl oder jenes geweihte Wasser sind von besonderer Heiligkeit. Sie können nie in einer Person eine besondere Unfehlbarkeit vermuten. Sie können ihre Wahrheitsvermutungen nicht in das feste System dogmatischer Endgültigkeiten gießen. Ihre Kirchen sind leer, und an ihren Altären gibt es keine Ablässe zu gewinnen. Der Protestantismus ist der Dialekt des Christentums, der entschieden ernst damit macht, dass dieses auf einen »uranfänglichen Mangel« (Michel De Certeau) gegründet ist, auf das leere Grab. Der Protestantismus, wo er sich selbst ernst nimmt, begütigt nicht. Er kommt den Greifbarkeitsbedürfnissen und den Sicherheitsinteressen, die wir in den Religionen so oft finden, nicht entgegen. Er fordert die ganze Erwachsenheit der Menschen, die es am leeren Ort aushalten. Der Protestantismus ist der Ort der verbotenen Bilder. Sein Allerheiligstes ist leer wie das leere Grab. Natürlich verraten die Protestanten oft genug ihr eigenes Prinzip. Aber es gibt dieses, und sie sind dabei belangbar.

Wo aber finden wir dann unsere Wahrheit, unseren Trost und unser Gewissen? Sind Protestanten gezwungen, immer nur Zeugen ihrer selbst zu sein; nicht mehr zu haben als die eigene Stimme? Wir bleiben nicht trostlos, denn wir haben Zeugen – nicht mehr als dies. Wir haben Stimmen, die (vielstimmig) von der Güte Gottes erzählen; vom

Recht der Armen, das Gott will; von Christus, in dem er sein Gesicht aufgedeckt hat. Wir haben Stimmen, die hilflos, verhallend und gelegentlich irrend sind, wie Stimmen eben sind. Aber mit ihnen bleibt die Leere nicht einfach stumm und hoffnungslos. Wir haben die Stimme von Dietrich Bonhoeffer, von Elisabeth von Thüringen, von Martin Luther, von Thomas von Aquin und von Hildegard von Bingen. Und schließlich haben wir einen Chor von Stimmen, versammelt in der Bibel. Auch der Bibel gegenüber gilt das Bilderverbot. Sie ist nicht der Schatz im Acker, aber sie ist der Acker, in dem wir die Schätze vermuten und nach ihnen graben können. Hier sind die Stimmen des Ursprungs zusammen, fehlbar auch diese. Aber aus ihrem Zeugnis ist die Wahrheit herauszuhören und zu ermitteln, nicht leicht, und auch wir werden nicht ohne Irrtümer bleiben bei unseren Hörversuchen und bei der Arbeit, die Wahrheit weiterzusagen. Nein, die Bibel ist nicht das Wort Gottes. Aber wir können uns darin üben, seine Stimme herauszuhören aus dem Gespräch der Zeugen des Anfangs.

Auf die Stimmen des Anfangs, auf die Bibel zu hören ist der Versuch, sich selber und der haltlosen Eigenmächtigkeit des Denkens zu entkommen. Mit diesem Buch, mit dieser Stimme sind wir davon befreit, nur bei unserem eigenen Herzen Zuflucht zu nehmen. Mit dieser Hoffnung habe ich das vorliegende Buch »Der Schatz im Acker« genannt. Es enthält in der Hauptsache Auslegungen, Ergebnisse der Grabungen im Acker. Die Überlegungen des ersten Teils dieses Buches sind Auslegungen aus der Zeitschrift Chrismon, die ich über einige Jahre machen durfte.

Ich werde wohl gelegentlich einen Knochen als Schatz anbieten. Die Leser und Leserinnen müssen damit rechnen. Irrtümer sind nicht ausgeschlossen, wo man nach der Wahrheit sucht.

Es sind am Ende einige Texte angefügt, die nicht im direkten Sinn Auslegungen unseres Grundtextes sind. Man will ja auch sagen, was man immer schon mal sagen wollte. Aber ich hoffe, sie sind alle entstanden aus dem Grundgespräch mit dieser Stimme.

Ich widme dieses Buch Annerose und Hans-Jürgen Holländer. Sie sind mein Urgestein von Freundschaft.

Hamburg, im August 2010   *Fulbert Steffensky*

Die Kirche und ihre Bibel

Gott ist nicht stumm geblieben, er hat gesprochen! – das sagen wir, indem wir die Bibel lesen. Das predigt die Liturgie, wenn das Buch aufgeschlagen und für alle sichtbar auf dem Altar liegt oder wenn es – wie im Katholizismus – feierlich hochgehalten und dem Volk gezeigt wird. Die Buchreligionen haben ein unbeirrbares, ein rührendes Vertrauen auf die Wahrheitsfähigkeit ihrer Bücher und der Menschen, die sie lesen. Ich wollte, sie vertrauten nicht nur auf die alten Zeiten, in denen man die Wahrheit hören und aufzeichnen konnte. Ich wollte, sie vertrauten ebenso darauf, dass Gottes Stimme in der Gegenwart hörbar, sagbar und beschreibbar ist. Nein, die Bibel ist nicht zu Ende geschrieben. Gott webt seine Wahrheit weiter, und wir suchen sie nicht nur in der Bibel. So kommen Texte, die nicht im strengen Sinn kanonisch sind, plötzlich in den inneren Kanon einer Gruppe, vielleicht nur auf Zeit, so etwa die Theologische Erklärung der Bekenntnissynode von Barmen (1934). Sie gehören nicht zur Bibel. Aber was heißt das schon! Sie arbeiten lange Zeit am Grundverständnis der Kirche. Sie gehören nicht zur Bibel, und sie sind Bibel.

Es gibt viele Gründe dafür, wie Haupttexte zustande kommen; wie sich also ein Kanon bildet. Nicht alle Texte haben die gleiche religiöse Intensität. Es gibt Texte, die von vielen an vielen Orten und durch lange Zeiten in ihrer Intensität verstanden wurden und so zu Haupttexten erklärt worden sind, sie wurden zum Kanon. Es gibt Texte, die kaum in sich selber stehen, sondern durch den Kontext, aus dem sie stammen, geheiligt wurden. Ich denke an Bonhoeffers Gedicht »Von guten Mächten treu und still geborgen«. Ohne Erinnerung daran, dass es in einem Gefängnis und unter Todesangst aufgeschrieben wurde, wäre es ein mittelguter und leicht harmloser Text. Mit der Erinnerung an das Schicksal seines Autors kommt es zu Recht ins evangelische Gesangbuch. Texte sind nicht nur in sich gut, sie leben auch von der Güte der Toten, die sie gedichtet, gesungen und gebetet haben. Es gibt andere Texte, die sich eher machtpolitisch durchgesetzt haben. Sie sind wichtig, so lange bestimmte Theologien und politische Konstellationen vorherrschen. Ich denke z. B. an das unerträgliche und besserwisserische athanasianische Glaubensbekenntnis. Wer eine Tradition hat, hat nicht nur den lebendigen Geist der Toten. Er schleppt auch eine Menge Totengebein mit sich herum. Ob ein Text Gottes Wort nachspricht, das muss erst ermittelt werden, gleichgültig ob es ein biblischer Text ist oder ein anderer.

Jede lebendige Gruppe, die nicht in Gleichgültigkeit und Beliebigkeit erstickt, erklärt sich selber, indem sie bestimmte Texte, Lieder, Zeiten, Personen zu Hauptzeugen erklärt. Sie gibt sich ein Gesicht, indem sie einen Kanon bildet. Wo die Kirche lebt, kann ihre Arbeit am Kanon nicht zu Ende sein und kann sie sich nicht ausruhen auf gesichertem Bestand. Sie erklärt im Kanon ihre Grenze, damit scheidet sie andere Texte auch immer als weniger wichtig aus. Sie vermag zugleich, ihre Grenzen offen zu halten für das Einbrechen des Geistes. Kanonische Texte »verunreinigen die Hände«, hieß es auf der Synode von Jamnia. Sie sind tabu, es ist gefährlich, sie zu berühren und den Kanon zu verwischen. Das ist die eine Seite der Wahrheit. Texte, die nach langen Zeiten zu Haupttexten geworden sind, haben das Recht, als erste gehört, ausgelegt und verstanden zu werden. Selbst wenn ich mich mit ihnen anlege (und wie viele biblische Texte gibt es, mit denen man sich anlegen will!), haben sie eine vorrangige Stimme. Den Kanon ehren, selbst wenn man ihn im Streit ehrt, heißt subjektiver Beliebigkeit und der eigenen Willkür entkommen. Ohne diese Ehrung des Kanons kann es keine Kirche geben, keine Gesamtgruppe, die ein halbwegs eindeutiges Selbstverständnis hat. Ohne Kanon wären wir als Einzelne und als Gruppe nicht mehr als unser Selbstzitat. Gruppen schaffen sich einen Kanon, und der Kanon bildet Gruppen. Er arbeitet am Selbstverständnis einer Gruppe, sofern sie ihn ernst nimmt und auf ihn hört. So viel wir auch streiten in unseren Kirchen, wenn wir gut streiten, dann streiten wir mit unseren Haupttexten im Rücken. Die Bibel, diese alte Lehrerin, führt uns im Streit. Sie erlaubt nicht alles und duldet nicht jede Richtung. Welche Hoffnung auf Einigung hat eine Gruppe, die auch im Streit eine Herkunft hat! Wir sind Freigeister mit heiligen Texten – ein schöner Widerspruch.

Was tue ich, wenn ich am Morgen meinen biblischen Abschnitt oder die Losung lese, also einen einzelnen Vers aus jenem großen Buch, das uns überliefert ist? Ich bin Gastgeber eines fremden Wortes. Ich habe es mir nicht ausgesucht, es ist älter als ich, und es spricht nicht meine Sprache. Zunächst habe ich eine positive Vermutung ihm gegenüber: so viele Menschen haben damit ihre Erfahrung gemacht. Sie haben auf es gehört und haben ihre eigene Existenz, ihr Leiden und ihren Jubel darin eingetragen, wie man seine Personalien in ein Formular einträgt. So vermute ich zunächst die Wahrheit dieses Wortes. Ich bin also zunächst nicht misstrauisch gegen meinen Losungstext. Ich höre auf dieses Wort, und ich bin nicht besessen von einer Hermeneutik des Verdachts. Ich kann auf das Wort nicht hören, wenn ich es von vorneherein der Korruption verdächtige. Ganz kann ich meine Skepsis nicht vertreiben, denn es gibt kaum einen Satz unserer Tradition, der nicht missbraucht worden ist. Aber ich lasse mich nicht bannen von dem Gedanken des möglichen Missbrauchs. Ich höre das Wort, und ich halte es für wahrheitsverdächtig.

Es ist ein fremdes Wort. Ich brauche die Fremdheit des Wortes, um mich selber zu erkennen. Wenn ich nur Texte habe, die aus meinem eigenen Mund und aus meiner eigenen Zeit kommen, dann kann ich mich nicht erkennen, ich bin dazu verurteilt, mich zu wiederholen. Die Fremdheit des Wortes tritt mir entgegen. Sie unterbricht mich, und sie wird zu meiner Freiheit, gerade weil sie nicht ist, wie ich selber bin. Das Wort hat nicht meine eigenen Gesichts- und Geisteszüge, und so muss ich mich mit ihm auseinandersetzen. So befreit es mich aus dem Gefängnis meiner Provinzialität, es reißt mich aus meinem eigenen Zusammenhang. Der Vers aus dem Psalm ist übrigens selbst aus seinem Zusammenhang gerissen. Fast alle biblischen Texte reißen wir aus dem Zusammenhang, wenn wir sie auslegen und über sie predigen. Das stört mich nicht, wie das zusammenhanglose Losungswort mich nicht stört, das ich morgens lese. Ich gebe dem Vers einen neuen Zusammenhang, indem ich ihn in meinen eigenen Lebenskontext nehme. Die Fremdheit des Verses verleiht mir eine neue Wahrheit, wie ich dem Vers eine neue Wahrheit zuerkenne, indem ich ihn in meinen eigenen Lebenskontext lasse. Der Vers ist meine Lehrerin, indem er mich mit seiner Fremdheit konfrontiert. Ich werde zum Bruder des Verses, ich erwecke eine andere Wahrheit in ihm, indem ich ihn konfrontiere mit meinen Ängsten und Hoffnungen. Der Text braucht den Kontext, sonst bleibt er stumm. Mein Kontext braucht den Text, sonst bleibe ich in mir selbst verfangen. Es gibt das langweilige und unfruchtbare innerreligiöse Gezirpe, wo die Texte mit sich allein gelassen werden und wo sie nicht Stimme bekommen, indem sie auf unser eigenes Leiden und auf unser Glück stoßen.

Ich mach den Text einheimisch, indem ich ihn mein Leiden, mein Glück und meine Hoffnung nachsprechen lasse. Ich darf ihn nicht so zu mir nehmen, dass er nur noch die Resonanz meiner selbst ist. Er soll fremd bleiben, und er soll seine eigene Nachricht behalten. Mit den Texten umzugehen, heißt sich bewusst zu sein, dass sie eine Nachricht haben, sie sind nicht nur Medium der Selbstinszenierung der Leser. Die historische Absicht und der ursprüngliche Kontext des Bibeltextes dürfen nicht verbrennen in der Aneignung. Vielleicht gibt es Situationen des

Leidens und des Glücks, in denen jeder historische Abstand verloren gehen darf und die Texte bis zur Unkenntlichkeit eingedeutscht werden. Aber im normalen Gebrauch sind sie einheimisch und fremd zugleich.

Wer ist die Kirche, die die Bibel liest? Vielleicht heißt die Antwort: Die Kirche ist die Gemeinschaft der Gläubigen, die im Wort und im Sakrament versammelt ist. Damit ist noch nicht viel gesagt. Man muss fragen: Wer sind diese versammelten Gläubigen? Was verdienen sie und wem dienen sie? Welche Interessen haben sie? Wen sieht sie, und wen übersieht diese Kirche? Das alles ist maßgeblich dafür, wie diese Kirche die Bibel liest. Ich beschreibe zwei Kirchen. und damit zwei Lesarten der Bibel. In Hamburg standen zwei Kirchen in unmittelbarer Nähe zueinander, die eine: die Katharinenkirche, die heute noch steht. Diese Kirche war immer schön und reich; sie war umgeben von Patrizierhäusern. Sie sieht heute noch aus wie ein großes Schiff, dem man keinen Untergang zutraut. Die andere Kirche, St. Anna, einen Steinwurf von Katharinen entfernt, jenseits des Zollkanals, sie ist untergegangen. Es war eine unscheinbare und kleine Kirche. Ein Straßenname erinnert noch an sie: Bei St. Annen. Es war die Aschenputtelkirche, umgeben von Tagelöhnerhäusern. Etwa 18 000 Menschen wohnten da auf engem Raum um die Kirche, Tagelöhner, die sich jeden Tag neu verdingten, eine kleine Stadt, gedrängt voller Menschen, Hunde, Katzen und Ratten. Zwei Kirchen, getrennt durch den garstigen Graben, der nicht Zollkanal heißt, sondern Armut und Reichtum. Was haben die beiden Kirchen miteinander zu tun? Ist dieser Zollgraben so leicht überwindbar wie die kleine Rinne zwischen dem Katholizismus, dem Protestantismus, der Orthodoxie und den anderen Dialekten des Christentums? Wird in den beiden Kirchen derselbe Gott angebetet? Ist dort derselbe Gott versprochen? Sagen wir nicht zu schnell Ja! Gott ist nicht ein Gott jenseits aller Gräben und immer schon über ihnen. Er ist parteiisch, er liebt St. Annen, die Kirche der Armen und der Bettelleute. Lassen wir die beiden Kirchen, lassen wir Katharina, die Vornehme, und Anna, die Unscheinbare, miteinander reden, Kirche der Herrin die eine, die Kirche der Magd die andere.

Katharina kennt den Satz des Apostels Paulus aus dem Epheserbrief: »Er ist unser Friede, der aus beiden eines gemacht und den Zaun abgebrochen hat, der dazwischen war, nämlich die Feindschaft.« Sie sagt zu Anna: Siehst du, was uns trennt, ist doch unerheblich. Es sind doch rein materielle Dinge, und Gott schaut auf das Herz und nicht auf äußeren Tand und Geld und Reichtum. Anna seufzt. Sie wäre ja gerne mit Katharina einig. Aber sie putzt bei ihr und wird schlecht bezahlt. Ihr Mann ist bei der Müllabfuhr. Er macht den Dreck von Katharina weg und verdient wenig. Katharina ist gebildet und wortgewandt. Anna aber hatte keine Zeit und kein Geld, sich zu bilden. Anna liest die Bibel etwas langsamer. Sie fängt nicht mit der Versöhnung und mit dem Frieden an. Zuerst liest sie zu ihrem Trost, dass Gott die Armen liebt; dass er der Gott der Rechtlosen ist; der Landlosen; der Gebeutelten. Könnte es sein, denkt sie, dass das Evangelium uns nicht nur vereint? Könnte es sein, dass das Evangelium auch trennt; dass es keinen faulen Frieden will; dass es den wirklichen konfessionellen Graben sichtbar macht – den zwischen Arm und Reich; zwischen Opfern und Tätern; zwischen Schlägern und Geschlagenen?

Anna seufzt. Gerne würde sie dem Apostel Paulus im Hohen Lied der Liebe zustimmen, der zum Frieden mahnt und ihr sagt, dass die Liebe sich nicht erbittern lässt. Aber wie soll sie nicht bitter werden und nicht das Ihre suchen, wie der Apostel ihr vorschlägt, wenn sie kein Brot für ihre Kinder hat? Wie soll sie nicht das Ihre suchen, wenn sie ihre Miete nicht bezahlen kann? Wie soll sie nicht bitter werden, wenn sie in der Zeitung liest, dass man nun die sozialpolitischen Wucherungen zurückschneiden müsse; dass man von der falschen Metaphysik individueller Gleichheit Abschied nehmen müsse; dass nun Schluss sein müsse mit der Romantik der Gerechtigkeit? Anna runzelt die Stirn und fragt sich, ob es nicht gerade zur Freundlichkeit ihren eigenen Kindern gegenüber gehört, nicht alles zu ertragen, nicht alles zu glauben und nicht alles zu erdulden. Sie fragt sich, ob zur Liebe und zum zukünftigen Frieden nicht die heutige Skepsis den korrupten Welten gegenüber gehört; die Leugnung all der schön geschminkten Götter, die sich als die einzige Möglichkeit in der Gegenwart geben. Anna fragt sich, ob Paulus nicht auch die Empörung, die Ungeduld und den Streit als Tugenden der Liebe hätte nennen sollen; und das Vermissen: das Vermissen des Brotes der Hungernden; des Augenlichts der Blinden und der Sprache der stumm Gemachten.

Keinen Sozialneid, bitte! Sagt Katharina. Vor Gott sind wir schließlich alle arm, und auch die Wohlhabenden haben ihre Sorgen. Und Sünder sind wir alle vor Gott, hauptsächlich Sünder, die Armen und die Reichen. Vor Gott sind alle gleich, der Reeder und der Arbeitslose; die Putzfrau und die Fürstin von Thurn und Taxis. Es zählen die inneren Werte: Geduld, Langmut, Freundlichkeit, der rechte Glaube. Anna wundert sich, dass Katharina, die doch all die Bücher und Theologen und Oberkirchenräte hat, ein so dummes und blasphemisches Zeug reden kann. Sie wundert sich darüber, dass Katharina gelegentlich nicht der eigene Kirchturm auf den Kopf fällt.

Es scheint fast, als hätten Anna und Katharina verschiedene Bibeln. Auf jeden Fall lesen sie die Bibel verschieden. Kirche also ist nicht gleich Kirche und Bibellesen nicht gleich Bibellesen. Katharina liest aus der Bibel, was ihr dient, und sie verschweigt, was ihr nicht dient. Bibellesen kann also zu einem großen Unternehmen werden, das zu legitimieren, was man immer schon wollte. Es kommt zustande, indem man verschweigt, wer die ersten Adressaten dieses Buches sind, die Armen und die Gebeutelten, die

19

Witwen und Waisen, die Flüchtlinge und Landlosen. Es gibt das Buch im Buch, das ist die Nachricht und das Evangelium für die Armen. Wenn die Kirche die Bibel liest, ist sie nicht nur getröstet und erbaut. Sie muss es auch wagen, das Buch gegen sich selber zu lesen. Sie muss es wagen, sich in Widersprüche verwickeln zu lassen. Sonst kann sogar mit der Bibel ein Blutbad angerichtet werden. Ich bringe dafür ein Beispiel aus dem Shoa-Film von Claude Lanzmann. Die Dorfbewohner von Chelmno, ein Ort in der Nähe von Auschwitz, erzählen in einer Szene, wie die Juden von den Nazis in die Kirche getrieben und von dort zur Vergasung abgetrieben wurden. Schließlich fragt sie Claude Lanzmann: »Wie konnte Ihrer Meinung nach Juden diese Geschichte passieren?« Die Leute aus dem Dorf sind sich einig: »Es war der Wille Gottes, das ist alles!« Eine Frau fügte hinzu: »Als Pontius Pilatus sich die Hände gewaschen hat, sagte er: ›Dieser Mann ist unschuldig. Ich will mit dieser Geschichte nichts zu tun haben‹, und er hat Barrabas geschickt. Aber die Juden haben gerufen: ›Sein Blut komme über uns!‹ Das ist das Ende, jetzt wissen Sie alles.«

Diese Menschen hören die Schreie der zusammengetriebenen Juden. Sie schieben diesem Geschehen eine verrückt gewordene Logik mit Hilfe der Bibel unter und deuten mit ihr die Vorgänge. Sie sind fromm. Als Lanzmann sie befragt, kommen sie gerade aus einer Messe. Ihr Glaube und ihre Lesart der Geschichte machten sie zu Zuschauern eines grandiosen Dramas der Weltgeschichte, dem man sich nicht in den Weg stellen durfte. Die Gesichter der zur Vernichtung bestimmten Menschen verschwammen vor dieser bösartigen Weltlogik, in der auch das Absurdeste wieder Sinn bekam, eine kalte und unerbittliche Welterklärung. »So musste es kommen«, dachten sie, und damit war der Schmerz der Opfer entwichtigt. Er wurde zur Opfergabe an den Sinn des Ganzen. Es gibt einen Glauben, eine Welterklärung und einen gefährlichen Sinnhunger, die die Vernichtung erklärlich machen, zulassen oder betreiben, und dies sogar mit biblischen Zitaten. Man erschrickt darüber, wie gnadenlos Religion sein kann und wie auch sie über Leichen gehen kann, manchmal sogar mit Hilfe ihrer heiligen Bücher.

Ich habe über die beiden Kirchen mit ihren verschiedenen Interessen gesprochen, über die Anna- und die Katharinakirche. Aber liest nicht auch Anna aus der Bibel, was ihr nötig ist in ihrer Armut? Wählt nicht auch sie aus? Es ist ein Unterschied zwischen diesen beiden Lesarten. Katharina liest, was ihr *dient*. Anna liest, was sie *braucht*. Dafür wiederum ein Beispiel: In Solentiname in Nicaragua unterhält sich eine Gruppe von Fischern und Bäuerinnen, alle arme Leute, über das Johannesevangelium, und zwar über folgende zwei Verse: »Ich bin der gute Hirt. Der gute Hirt lässt sein Leben für die Schafe. Wer aber nur um Lohn arbeitet, sieht den Wolf kommen, er verlässt die Schafe und flieht, weil er nicht der Hirt ist und die Schafe nicht ihm gehören. Der Wolf packt zu und zerstreut die Schafe.« Dann die Auslegung dieser Gruppe von armen Leuten, Ernesto Cardenal hat das Gespräch dokumentiert (»Das Evangelium der Bauern von Solentiname«):

Manuel: Die einen sitzen in der Regierung und bereichern sich, und die anderen geben ihr Leben für ihre Brüder.
William: Und wer ist der Wolf? Ich glaube, der Wolf ist die Ausbeutung, der Mensch, der, anstatt für den Menschen zu sein, Wolf für den Menschen ist.
Gigi: Es heißt, der Wolf ergreift die Schafe und zerstreut sie. Und die Ausbeutung teilt die Menschen in Klassen. Und das System der Ausbeutung schafft in der Gesellschaft den Individualismus und den Egoismus und verhindert, dass die Menschen vereint sind.
Thómas: Wir sind wie zerstreute Schafe.
Natalia: Um vereint zu sein, müssen wir gleich sein. Hier sind zwar einige Bauern etwas besser gekleidet als die anderen, aber ich glaube, wir sind ziemlich alle gleich.

Manuel: Im Stall sind alle Schafe vereint. Und Jesus ist gekommen, um die zerstreute Menschheit zu vereinen: So muss der Stall seine Kirche sein.

Gigi: Aber das mit den schlechten Hirten kann man auch auf die schlechten religiösen Hirten anwenden, nicht nur auf die Politiker, nämlich, wenn sie sich die politische Macht mit den Politikern teilen und sich von den Schafen ernähren.

So weit das Gespräch! Exegeten mögen entsetzt darüber sein, wie man hier mit dem Johannesevangelium umgeht. Was geschieht? Menschen lesen sich mit ihrem Schicksal in einen fremden Text hinein. Die einfache Frömmigkeit hat immer versucht, den garstigen Graben der Geschichte zu überspringen. Die Männer und Frauen von Solentiname sind fromm, wenn sie sich in die Geschichten der Bibel bergen. Das Evangelium wird hörbar, wo Menschen sich hineinlesen, und ihr Leben wird lesbar und bleibt nicht in stummer Hoffnungslosigkeit, wo Menschen dies tun. Der Text trifft auf die Wunden und die Sehnsucht der Menschen. Dies ist keine Funktionalisierung des Evangeliums. Die Fischer und die Bäuerinnen leben ihre Frömmigkeit und treten ein in die Geschichten, auf die sie hoffen. Sie nehmen sie als für sie geschrieben. Das eben ist der Akt der Frömmigkeit: Die Bibel nehmen, als sei sie für uns geschrieben, für uns zum Trost, für uns zur Mahnung, für uns zum Gericht und für uns zur Hoffnung. Ja, es gibt eine Gefahr dabei: dass die Bibel nur noch unser eigenes Sprachrohr wird und dass wir mit den Texten der Bibel nicht mehr sagen, als wir immer schon gewusst haben. Das Evangelium heimholen aus dem Exil abstrakter Allgemeinheit und es hören aus unserem Schmerz und unserem Glück, dürfen wir immer. Es einkerkern in uns selbst dürfen wir nicht. Wer mit der Bibel argumentiert, benutzt sie. Die Bibel liefert keine Argumente, aber sie hat Optionen, zu denen sie uns verlocken will.

Was ist die Bibel und wer ist die Kirche, habe ich gefragt. Die letzte Frage: Wer sind wir? Wir, die wir zu den deutschen Kirchen gehören, sind durchweg nicht die Bitterarmen. Welches Anrecht auf das Evangelium haben wir? Ich erzähle eine Geschichte, die ich schon oft erzählt habe. Als Student habe ich einmal mit einem Freund eine Wanderung im oberen Donautal gemacht. Wir hatten wenig Geld und wenig zu essen. Schließlich kamen wir in ein Dorf, wo eine große Hochzeit gefeiert wurde. Wir schlichen uns ein, abgerissen, wie wir waren. Wir aßen und tranken, und man hat uns gelassen. Man darf niemanden von der Hoffnung des Evangeliums ausschließen, nicht einmal sich selber. Wir schleichen uns ein in das Evangelium. Es kann ja sein, dass wir nicht die ersten Adressaten des Evangeliums sind. Dann sind wir eben die zweiten Adressaten. Auch wir haben unsere Schmerzen, auch uns sterben Menschen, auch wir geraten in Schuld und brauchen Freispruch. Und so schleichen wir uns ein in die alte Nachricht. Man kann es, wenn man weiß, wer die Erstgemeinten sind, und wenn wir vermeiden, dass das Salz der Erde zum Balsam für Herrn Jedermann wird.

Geh aus deinem Land!

1. Mose 12,1-4

Dies war einer der Lieblingstexte meiner Jugend. Ich habe alle Bibeltexte geliebt, die den Abschied, die Trennung, die Unterbrechung des Gewöhnlichen nahelegten. Ich habe die Texte geliebt, die mir befahlen: Lass die Toten ihre Toten begraben! Schau nicht zurück, wenn du die Hand an den Pflug gelegt hast! Ich habe den Schweizer Einsiedler Nikolaus von Flüe bewundert, der Frau und Kinder verließ, um als Einsiedler in einer Schlucht zu leben. Ich konnte ihn umso leichter lieben, als ich damals weder Frau noch Kinder hatte. Als ich diese Stelle aus dem ersten Buch Mose jetzt wieder las, war ich eher verärgert. Welche Gewalt liegt in diesen Texten, die dem Menschen den Bruch mit den eigenen Herkünften befehlen; mit Vater und Mutter; mit dem eigenen mühsam aufgebauten Lebenshaus; mit den natürlichen Bindungen von Verwandtschaft und Freundschaft und mit dem Land, das man gewonnen hat! Es gibt eine Radikalität in den Religionen, die schon viele Opfer gekostet hat, und dem, der seine Toten unbegraben lässt, misstraue ich aus ganzem Herzen. Es wird erzählt: Abraham war 75, als ihn dieser Gottesbefehl traf. Er, der alte Mann, der eher ans Sterben als an Aufbrüche dachte, sollte auf eine ungreifbare Segensverheißung hin alle Greifbarkeiten aufgeben? Ich, der ich ungefähr seines Alters bin, hätte wohl vorgezogen, in Ur in der chaldäischen Heimat zu bleiben und die alten Heimatlieder zu singen. Wer will es mir verdenken!

Ich lese den Text noch einmal und unterstelle ihm, dass er ein Freiheitstext ist. Man hat es gemütlicher ohne diese Auswanderungsappelle. Die Vaterhäuser stehen schon da, und man muss nur noch darin wohnen; das eigene Land kennt man, und man weiß, was man an der Verwandtschaft hat (gelegentlich nur zu gut!). Dies soll man aufgeben zugunsten eines Zukunftslandes, das noch keiner gesehen hat? Aber die Vaterhäuser und Vaterländer und Familien bergen ja nicht nur, sie können auch die Gräber des Geistes sein. Die gebauten Welten, in die wir hineingeboren und hineinverstrickt sind, haben manchmal nicht mehr Wärme als den Mief von Gefängnissen. Die Schönheit, das Recht und der Wille Gottes sind oft in ihnen gefangen. Darum gibt es im Judentum und im Christentum so oft die unruhige Verlockung zum Auszug, zum Abbruch oder gar zur Ruinierung der Herkömmlichkeiten. Jede Zeit hoher religiöser Intensität ist eine Zeit des Abbruchs und der Brüche. Es sind immer Abraham-und-Sara-Zeiten; so die Zeit der Propheten, die Zeit Jesu, die Zeiten der großen Reformationen. Der Glaube macht uns zu vaterlandslosen Gesellen in den eigenen Ländern, Häusern und Kirchen. Religionen sind oft geblendet von der Idee der Kontinuität und sie suchen ihr Heil im Status quo und in der Wiederholung. Sie vergessen die andere Schönheit, die Gott uns zumutet: Zieh aus, suche mehr, als du hast! Befreie den Willen Gottes aus dem Schutt der Herkömmlichkeiten! Denke nicht, dass du ihn kennst und erfüllst, indem du den Willen deiner Väter und Mütter erfüllst. Wer nur denkt, tut und liebt, was seine Väter und Mütter gedacht und geliebt haben, der lebt nicht im Geist seiner Väter und Mütter. Er mag in ihrem Buchstaben leben, aber nicht in ihrem Geist. Nein, wir wollen die Toten nicht ihre Toten begraben lassen. Wir leben von den Schätzen unserer Väter und Mütter, aber nur dann, wenn wir weiterdichten an ihren Liedern und Geschichten des Glaubens. Der Geist braucht Übersetzung, keine Repetition.

Jakob, der gesegnete Lügner
1. Mose 27

Was soll ich an Jakob lieben, an diesem Hinterhältigen und Schlitzohr? Schon im Mutterleib versucht er, sich vor seinen Bruder zu drängen, indem er seine Ferse ergreift. Was soll ich an ihm lieben, der seinem Bruder Esau, dem Tölpel, das Erstgeburtsrecht abluchst? Was soll ich an ihm lieben, der später die Hilflosigkeit des Vaters ausnutzt und den Bruder um den Erbsegen betrügt? Später wird er selber von seinem Schwiegervater betrogen, und er betrügt diesen wieder. Jakob, der Lügner und der betrogene Betrüger! Er wird bevorzugt von der Mutter, die ihm hilft, den Vater zu hintergehen. So wird er später Benjamin und Joseph seinen anderen Söhnen vorziehen. Welche Geschichte des Hintergehens, der ungerechten Bevorzugung und der kalten Berechnung!

Dann der Humor Gottes! Er lässt sich sehen von den Augen des Listigen im nächtlichen Traum in der Stadt Lus, durch die er auf seiner Flucht vor dem Zorn des betrogenen Bruders kommt. Gott wartet nicht darauf, dass einer mit reinen Augen kommt. Er verspricht sich dem Hinterlistigen beinahe, wie sich eine Braut dem Mann verspricht: »Siehe, ich bin mit dir und will dich behüten – ich will dich nicht verlassen!« Jakob reagiert eher kühl auf die Erscheinung Gottes. Er salbt zwar den Stein, auf dem er geschlafen hat, mit Öl und gibt dem Ort den neuen Namen Bethel. Das Gelübde aber, das er dann ablegt, hat nicht die Innigkeit des Versprechens und der Zuneigung Gottes: Wenn der, der mir da erschienen ist, mir Brot und Kleider gibt; wenn er mich im Frieden wieder zurückbringt, dann soll er mein Gott sein. Das Menschlein, das Schlitzohr, knüpft die Verehrung dieses Gottes an Bedingungen. Dieser Gott verspricht ihm ohne Einschränkung seine Anwesenheit und den Segen – Großmut gegen Kalkül! Jakobs Frömmigkeit ist Mittel zum Zweck.

Jakob dient als Knecht im fremden Land. Er wird reich, und er zieht zurück in das Land seiner Herkunft. Er hört, dass Esau ihm mit einer Kriegsschar entgegenzieht. Er fürchtet sich, und er betet. Nein, es ist nicht das reinste Gebet, das jemand sprechen kann. Es ist aus Angst geboren. Aber eines hat er schon gelernt in seiner Angst: Er beruft sich nicht mehr auf sich selber. »Ich bin zu gering aller Barmherzigkeit und aller Treue, die du an deinem Knecht getan hast.« Jakob baut sich nicht vor Gott auf, nicht einmal als reuiger Sünder. Er argumentiert mit nichts anderem als der grundlosen Barmherzigkeit Gottes. Gnade hat keinen Grund – außer der Gnade. Er argumentiert mit seiner Armut: Ich bin zu gering! Er lernt die große Kunst der Bedürftigkeit. Nein, einer, der sich mit eigenen Künsten, Tricks und mit dem eigenen Manövrieren durch das Leben schlägt, kann einem nicht sympathisch sein. Aber auf einen, der keine Argumente mehr hat, wird man aufmerksam. Er verliert sein Gesicht vor der Güte, die ihn geführt hat. Er lernt, dass er nichts vorzuweisen hat. Er spricht wie jener Zöllner aus dem Evangelium: Herr, sei mir Sünder gnädig! Ich liebe an Jakob seinen Protestantismus: Er hat jedes Recht auf Berufung vor diesem Gott aufgegeben. Die letzte Hinterlist und der letzte Hintersinn sind ihm abhanden gekommen. Der Schlaukopf hat seine Schläue verloren. Er weiß nur das eine: Ich bin zu gering aller Barmherzigkeit und Treue! Nein, das ist keine Selbstmissachtung. Es ist die größte menschliche Größe, die man sich denken kann, zur eigenen Bedürftigkeit zu stehen. In dieser Größe kann man nicht groß sein. Man ist »gering«, man ist sich selbst enteignet und angewiesen auf Barmherzigkeit und Treue. Erst bedürftige Menschen sind gewaltlose Menschen. So ist das Eingeständnis der Bedürftigkeit die Möglichkeit der Versöhnung mit dem verfeindeten Bruder.

Dann kommt jene Nacht an der Jabbokfurt. Hab und Gut hat er schon über das Wasser gebracht. Er bleibt allein zurück in der Einsamkeit und Dunkelheit jener Nacht. »Da rang ein Mann mit ihm, bis die Morgenröte anbrach.« Diese Geschichte lässt uns mit unseren Fragen allein. Wer ist der Mann? Warum greift er ihn an? Warum verletzt er Jakob? Wir haben nicht mehr als das Geheimnis dieser Geschichte. Auf einem alten Bild ist sie überschrieben: »Jakob worstelt mit dem Engel.« Weder Jakob noch der dunkle Fremde siegen. Mit Siegen ist nichts mehr gewonnen. Es bleibt ein gesegneter Geschlagener zurück. Offensichtlich können auch Engel verletzen. Es bleibt einer zurück mit einem neuen Namen: Israel. Es bleibt einer zurück, der Gott gesehen und überlebt hat. Der alte natürliche Name Jakob ist zweideutig: »Jakob« kann heißen der Zweitgeborene, es kann heißen der Hinterhältige. Der verliehene Name befreit Jakob aus seiner Zweideutigkeit. Aber er ist geschlagen, er hinkt. Und so geht er dem feindlichen Bruder entgegen, lahmend und leicht zu schlagen. Aber er wird nicht geschlagen von seinem Bruder, der ihn doch einst töten wollte. Seine Lähmung ist der Grund der Versöhnung. Es ist nicht der letzte Schlag, den Gott ihm versetzen wird. Die Frau, die er liebt, wird sterben. Der Sohn, den er über alle anderen liebt, wird ihm genommen. Gewiss, es gibt einen guten Ausgang der Geschichte. Nach vielen Jahren der Trauer wird er ihn wiederfinden. Aber dieser gute Ausgang hebt die langen Jahre der Trauer nicht auf. Israel bleibt der Hinkende. Israel ist einer der Väter des Glaubens: Hinkend und angewiesen auf die Güte jener Augen, die er gesehen hat in jener Nacht in Bethel und in der schrecklichen Nacht am Jabbok.

Gedenke des Sabbattages!
2. Mose 20,8-9

Ein merkwürdiges Wort: Den Sabbat – oder für Christen: den Sonntag – heiligen. Die Zeit ist also nicht in sich heilig, Menschen heiligen einen Tag in besonderer Weise, indem sie in den Gottesdienst gehen, indem sie anders essen, sich anders kleiden und sich anders verhalten als an gewöhnlichen Tagen. Menschen gliedern die Zeit, sie geben ihr eine Figur im Rhythmus der Tage. Lineare Zeiten ohne Figuren und Rhythmen sind öde Zeiten. Die innere Verödung des menschlichen Lebens fängt immer mit einer äußeren an. In der Nähe unseres Hauses wirbt eine Tankstelle mit dem Spruch »24 Stunden am Tage geöffnet und 7 Tage in der Woche.« Das ist ein Beispiel für verödete Zeiten. Kein Rhythmus, keine Gliederung, nur noch Profit!

Die Bedeutung des Sonntags lernt man nicht in einer Lehre, man lernt sie, und wir lehren sie unsere Kinder in den einfachen Gesten der Vorbereitung: Früher hat man alles schön gemacht für den Sonntag. Man hat den Gartenweg geharkt, Kuchen gebacken; die Kinder wurden gebadet, und es gab frische Wäsche. Man liest die innere Wichtigkeit einer Sache an den äußeren Gesten der Vorbereitung ab.

Am Sonntag macht der Mensch sich und seine Welt schön und neu. Er schüttelt den Staub des mühsamen Alltags ab. Alle Schönheit ist ein Versprechen für morgen, für die Zeit der Fülle. Der Mensch spielt wenigstens einen Tag Königssohn und Königstochter. Man spielt einen Tag den Befreiten von den Zwängen des Alltags. Man spielt nach, was Gott getan hat am Ende der Schöpfungstage: Man ruht von der Arbeit. Man spielt vor, was einmal sein soll: Das große Spiel der Freiheit, in dem es keine Knechte und Erniedrigte mehr gibt. Nicht einmal die Tiere sollten arbeiten an diesem Tag.

Bei der Befragung über den Ablauf des Wochenendes antwortete ein Student: »Verplant! Lernen für das Studium!« So antworten hauptsächlich Studierende und Akademiker. Lernen und Lesen fiel früher nicht unter den Begriff »knechtliche Arbeit«, von der man sich frei halten sollte. Für die Leute, die mit ihrer Hände Arbeit ihr Brot verdienten, waren Lesen und Lernen eine Tätigkeit des freien Menschen. Es hatte etwas mit Schönheit und Geist zu tun. Ich frage mich, ob für viele das Lernen, die Bücher, die Schreibtischarbeit nicht zu einer neuen Knechtschaft und zum neuen Zwang werden. Was ist mit der Lehrerin, dem Studenten, die sich dem Druck beugen, auch sonntags den ganzen Tag zu arbeiten, mindestens aber ein schlechtes Gewissen haben, wenn sie nicht arbeiten. Werden sie bessere Lehrerinnen oder Studenten, wenn sie sich durch die Menge ihrer Arbeit rechtfertigen? »Ich habe keine Zeit!« ist die Potenzgebärde der Gegenwart. Aber man verknechtet sich und man verkommt, wenn der Sonntag in keiner Weise mehr Ruhe bedeutet und wenn die Seele nicht ernährt wird. Zu einem guten Arbeiter gehört es, dass man aufhören kann zu arbeiten und dass man keine Angst vor der Ruhe hat. Es gibt Emsigkeiten, die nicht anderes sind als getarnte Faulheit. Ich misstraue dem Fleiß derer, die ewig betonen, sie hätten keine Zeit – keine Zeit für Musik; für ein Buch, das man ohne Verwendungsabsichten liest; für ein Gebet; für den Gottesdienst. Dies sind Dinge, die keine Zwecke habe, und gerade sie müssen wir retten in einer verzweckten und profitorientierten Gesellschaft. Schon allein deshalb ist der Sonntag wunderbar, weil er der Tag ist, an dem man sich den Zwecken verweigert. Ein liebenswürdiger Nichtsnutz ist dieser Gottestag.

Gott lieben von ganzem Herzen

5. Mose 6,4-9

Dass man Gott ehren soll, darüber kann man etwas sagen. Dass man seine Gesetze halten und dass man seine Worte den eigenen Kindern »einschärfen und davon reden soll«, kann man verstehen. Aber wie kann befohlen werden, ihn zu lieben? Und dies auf so dramatische Weise befohlen: Binde dir seine Worte »zum Zeichen auf deine Hand, und sie sollen dir ein Merkzeichen zwischen deinen Augen sein, und du sollst sie schreiben auf die Pfosten deines Hauses«. Kann man Gott lieben? Nun gut, man kann einiges sagen, etwa, dass man Gott liebt, wenn man seine Gesetze liebt und sie hält. Man liebt Gott in jedem Hungernden, dem man Brot gibt; in jeder Dürstenden, der man einen Trunk Wasser gibt, und in jedem Nackten, den man nicht verkommen lässt. Auf jeden Fall gibt es keine Gottesliebe an den Hungernden, Dürstenden und Nackten vorbei. Gottesliebe und Barmherzigkeit sind nicht voneinander zu trennen. Aber an dieser Stelle und an vielen anderen der hebräischen und der christlichen Bibel; in vielen Texten der Frömmigkeit ist nicht nur von dieser mittelbaren Liebe gesprochen. Offensichtlich ist dort von einer unvermittelten und direkten Gottesliebe die Rede, die ich nur schwer verstehe und die ich nicht abtun will, weil ich sie nicht verstehe. Ich kann ja nicht nur deswegen etwas unterschlagen, weil es nicht in meinen Horizont passt. Das wäre ein eindeutiges Zeichen von Verblödung. Es reden also Texte, Menschen und Lieder von der Liebe zu Gott. »Ich will dich lieben, schönstes Licht, bis mir das Herze bricht«, heißt es in dem Lied von Johann Scheffler, das wir gelegentlich im Gottesdienst singen, eher mit der Zunge, kaum mit dem Herzen. Den weiteren Vers aus dem Lied »Ach, dass ich dich so spät erkannte, du hochgelobte Schönheit du« haben wir als Jugendliche denn auch eher auf die erste Freundin als auf Gott gesungen. Eine Stelle aus dem Scheffler-Lied schließt das Herz aller Frömmigkeit auf: »Ich will dich lieben, meine Krone, ich will dich lieben, meinen Gott; ich will dich lieben ohne Lohne auch in der allergrößten Not.« Dorothee Sölle erläutert diese grundlose Liebe zu Gott an der Hiobgeschichte. Der Satan sagt von Hiob: »Er hat allen Grund, dich, Gott, zu lieben. Du hast ihn ja mit Kindern und Gütern gesegnet. Aber nimm sie, und er wird dich verfluchen!« Darauf wettet er mit Gott. Nach der Meinung des Satans zahlt sich diese grundlose Liebe »auch in der allergrößten Not« nicht aus. Der Satan versteht Religion als ein Tauschgeschäft. Er glaubt allein an das Marktgesetz: Do ut des! Ich gebe, damit du gibst! Hiob hört nicht auf, an Gott zu glauben, als das Marktprinzip scheitert und als Gott seine Gegenleistung verweigert. Dorothee Sölle zu dieser verrückten Liebe ohne Berechnung: »Ich glaube, dass man Religion nur versteht, wenn man die Liebe zu Gott ›ohne Warum‹ (Meister Eckart), ohne Zweck, ohne Bezahlung denken kann.« Gott zu lieben, heißt nicht: Ich leiste dir den richtigen Glauben, komme dafür in den Himmel; habe darum keine Magenbeschwerden und werde von allem Unglück bewahrt. Gott zu lieben, »heißt, sich Gott geben ohne Versicherung, ohne Rückzahlung. Hiob lebt seinen Glauben ›gratis‹ und hilft so Gott, die Wette (mit dem Satan) zu gewinnen.« Hiob stellt die Theologie des Lohnes und der Interessen in Frage. Liebe ist kein Deal! Höre Israel! Du sollst deinen Gott lieben aus deinem ganzen Herzen, ohne jede Absicht und Berechnung; von ganzer Seele und ohne jedes Schielen auf dich selbst!

Du bist der Mann!

2. Samuel 12,1-10

Eine der infamsten und feigsten Geschichten der Macht: David begehrt die Frau des Hetiters Uria, und er sorgt dafür, dass Uria umgebracht wird. Alles scheint seine Selbstverständlichkeit zu haben, die Macht kauft sich eine Frau und bezahlt mit dem Tod eines Menschen. Alle spielen mit, und die Gewissen bleiben stumm. Es gibt die Zeit der stummen Gewissen, in der nicht mehr unterschieden werden kann zwischen Recht und Unrecht. Es gibt die Zeit, in der sich die Begierden das Gewissen unterworfen haben. Die Schuld des Königs liegt nicht nur darin, dass er gegen sein Gewissen handelt, sondern dass er – im Sinn des Wortes – gewissenlos ist. Man ist nicht nur verantwortlich vor seinem Gewissen, man ist auch verantwortlich für sein Gewissen. Die Stunde des begrabenen Gewissens ist die Stunde der Propheten. Propheten sind Menschen, die in verblendeten Zeiten den Willen Gottes erkennen und widerborstig auf ihm bestehen. Am schlimmsten sind die Zeiten, in denen niemand Einspruch erhebt gegen die Geläufigkeit des Unrechts, die Zeit ohne Propheten. Ein ganzes Volk kann verkommen, ohne dass es bemerkt, dass es verkommt.

Gott lässt den verkommenen König nicht gnadenlos verkommen. Seine Gnade: Er schickt ihm den Propheten Nathan. Wie beiläufig erzählt der Prophet dem König die Geschichte von dem reichen Mann, der dem armen Mann das einzige Schaf wegnimmt, um ein Gastmahl auszurichten. Der König erkennt das Unrecht am fremden Fall, an dem Fall des räuberischen Reichen, von dem der Prophet erzählt. Sich selbst erkennt er noch nicht in der Geschichte. Die Gewissenlosigkeit von anderen zu erkennen, ist leichter, als die eigene Verkommenheit zu sehen. David gerät »in großen Zorn«, als er die Geschichte hört, die er noch nicht als seine erkennt. Und er spricht sein eigenes Urteil: »So wahr der Herr lebt! Dieser Mann ist ein Kind des Todes!« Dann zieht der Prophet den Vorhang von seiner Erzählung: »Du bist der Mann!« Die erstaunliche Größe des Königs: Er weicht dem Urteil nicht aus. Seine Würde besteht nicht darin, dass er nicht gesündigt hat. Sie besteht darin, dass er der Einsicht in sein Verbrechen nicht ausweicht. Er wagt es, sein Gesicht zu verlieren. »Ich habe gesündigt gegen den Herrn!«, sagt er. Er entschuldigt nichts, er vertuscht nichts, er beschönigt nichts. Er wehrt sich nicht gegen das Urteil Gottes und seines Propheten. Er hätte die Stimme Gottes abwürgen und den Propheten töten können, wie es die Macht gewöhnlich tut. Vielleicht ist es das Größte, was einem Menschen gelingen kann, sich vor der eigenen Schuld nicht zu verstecken und wehrlos zu werden vor dem Urteil Gottes und des eigenen Gewissens. Der 51. Psalm, der große Bußpsalm, wird David zugeschrieben und darin die Aussage, dass Schlachtopfer und Brandopfer nichts ausrichten gegen die eigene Schuld, dass Gott aber den »geängsteten Geist« und das »zerschlagene Herz« nicht verachtet. David hat sich sein Herz, sein Ansehen vor sich selbst und vor anderen zerschlagen lassen. Er bricht mit sich selbst, indem er dem harten Satz des Propheten nicht ausweicht: »Du bist der Mann!« Welche Würde, sich die Maske vom Gesicht reißen zu lassen! Gott würdigt die Würde Davids, indem er ihn bestraft. Er vergibt, aber er befreit den König nicht von den Folgen seines Verbrechens. Er lässt ihn leben und neu anfangen, beladen mit der Last seiner Untat. David ist ein Gesegneter und ein Geschlagener zugleich. Gott verbilligt nichts, auch nicht seine Gnade.

Ihr Herren von Sodom, du Volk von Gomorra!

Jesaja 1,10-17

Der Glaube liest sich hinein in die fremde Geschichte. Die Verheißungen des Propheten Jesaja gehören uns nicht. Sie gehören dem jüdischen Volk. Mit welchem Recht beziehen wir sie auf uns Christen? Dazu eine Geschichte: Ich wollte eine Enkeltochter vor Weihnachten auf das Fest vorbereiten und erzählte ihr die Verkündigungsgeschichte: Der Engel hat Maria ein Kind verheißen. Und ich stellte die ungeheuer pädagogische Frage: »Wer war dieses Kind?« – »Ich war das!«, sagte das kluge Enkelkind. Recht hatte es! Der Glaube liest sich in die fremde Geschichte. Er überspringt den garstigen Graben der Historie und sagt: *Wir* sind aus Ägypten ausgezogen; *uns* hast du in der Wüste behütet und genährt; »Die Wunden alle, die du hast, hab *ich* dir helfen schlagen.« Es ist die Kraft des Glaubens, Ich und Wir zu sagen und die Dinge nicht in ihrer historischen Distanz zu lassen. Der Glaube liest sich hinein in die fremden Geschichten, und wir essen von den Broten, die nicht für uns gebacken sind.

Wenn wir uns schon hineinlesen in die Versprechen an Israel, dann müssen wir uns auch hineinlesen in den Zorn Gottes, von dem der Prophet spricht! Wir begehen den Buß- und Bettag. Wie schön wäre eine Kirche, die diesen Tag ernst nähme; die an diesem Tag den Mut hätte, sich selbst gegenüberzutreten und sich ins Gesicht zu schauen.

Wer Sünde und Schuld nicht nennen kann, verspielt eine der wundervollsten Fähigkeiten, nämlich »das Recht, ein anderer zu werden« (Dorothee Sölle); das Recht, sich zu bekehren. Das Eingeständnis der Schuld ist der Abschied von der Selbstverholzung. Ohne Erkenntnis der eigenen Sünde setzt man sich selber fort, bis die letzte Freiheit verspielt ist. Man kann keine neuen Wege gehen, man kann nicht mit sich selbst brechen, und so ist man Gefangener des eigenen kläglichen Herzens. Vor allem aber fordert die Blindheit sich selbst gegenüber Opfer. Das gepanzerte Ich walzt nieder, was sich ihm gegenüberstellt. Es kann sich nicht ganz verschweigen, dass es im Unrecht ist. Umso erbitterter hält es an sich selbst und der eigenen Kärglichkeit fest, koste es, was es wolle.

Wo wir Sünde und Schuld nennen können, da verlieren die Sachverhalte ihre fatale Natürlichkeit. Wo kein Gewissen ist, da gibt es keinen Appell an die Gegenwart. Da hat alles, was ist, sein Recht schon deswegen, weil es ist. Da kann man nur feststellen, dass es Armut und Reichtum gibt, Opfer und Täter, Beleidigte und Beleidiger, wahres und falsches Leben. Wer Sünde nicht denken und sich nicht als Sünder verstehen kann, der kann auch keine Veränderung wollen. Er hat keine Verantwortung sich selber, der Welt und Gott gegenüber; oder noch schlimmer und blasphemischer: Er hat seine Verantwortung an Gott selber abgegeben; klammert sich nur noch an die Versprechen Gottes und vergisst dessen Zorn.

Der Glaube liest sich ein in die fremde Geschichte, nicht nur in die ergötzlichen Geschichten, auch in den Zorn Gottes. Wo entdecken wir uns? Nicht nur als Einzelne, sondern als Volk, als Kirche? Gehören wir zu denen, die Gott zum Weinen bringen? »Were you there, when they crucified my Lord?«, heißt ein Spiritual. Als was sind wir da? Als Täter? Als Zuschauer? Als Wegläufer? Als Wegseher? Als Nicht-zur-Kenntnis-Nehmende? Als Verschweiger? Als Beschöniger? Als was ist unser Land da? Unsere Kirche? Sind wir Volk Gottes oder »Volk von Gomorra«? Knechte Gottes oder »Herren von Sodom«?

Er wird den Tod verschlingen auf ewig

Jesaja 25,8

Kluge Osterpredigten fangen meistens an, indem die Predigenden fragen: Wo denn? Wann denn? Wie denn? Sie fragen: Wo ist denn der Tod verschlungen? Überall ist doch sein Rachen aufgesperrt? Wo sind die Tränen von den Gesichtern abgewaschen? Bäche von Tränen fließen auch nach Ostern noch. Die Fragen sind ja nicht überflüssig, das Leben stellt sie selber. Darum sind gute Osterpredigten schwerer als Karfreitagspredigten. Was Ostern zu sagen ist, ist weniger ersichtlich und weniger handgreiflich. Aber es gibt Zeiten, in denen man keine Einwände gegen die Texte und die alten Versprechen erheben soll. Es gibt Zeiten, in denen man der Skepsis das Maul verbieten soll. Die Osterlieder, die klüger sind als die Osterpredigten, stellen keine Fragen. Sie behaupten: »Das Leben hat den Tod verschlungen.« Sie singen: »Er hat des Todes Trotz gestillt.« Sie jubeln: »Der Tod mit seiner Macht wird nichts bei mir geacht', er bleibt ein totes Bild.« Es gibt Zeiten, in denen man die Stirn nicht runzeln soll und wo man alle Klugheit vergessen soll. Das ist die Frechheit des Glaubens, der sich nicht damit erschöpft, »morgen oder übermorgen« zu sagen; der behauptet: Jetzt! Heute ist er »durch des Todes Tür gebrochen«. Ja, vielleicht kann man es eher singen als sagen. Aber man kann es singen. Welche Gnade, dass man zitieren kann. Wir haben die alten glaubensgewissen Texte der Propheten, in die man sich von allen eigenen Bedenken wegstürzen kann. Wir haben die alten Lieder, die das *Jetzt* singen – ohne Zweifel und ohne klugen Bedenken – und gegen die man sich nicht wehren soll. Man hört das Osterlachen der toten und lebenden Geschwister und stimmt ein. Wir sind nicht ewig Morgige, die nicht mehr haben als ihr sehnsüchtiges Warten. »*Heut* triumphieret Gottes Sohn, der von dem Tod erstanden schon.« Ostern heißt: Wir haben eine Herkunft, nicht nur eine Zukunft. Auf die Zukunft kann man nur hoffen, wenn man auf die Herkunft vertraut. Auf die Erfüllung der Zeit kann man nur mit Zuversicht warten, wenn man erfüllte Zeiten hinter sich hat. Die Hoffnung singt zwei Lieder, das eine: Einmal wird es sein! Das andere Lied: Es war einmal! An einem hat sich der Tod schon einmal die Zähne ausgebissen. Es ist schon ein Anfang gemacht, der unser eigener Anfang ist. Es ist schon ein Anfang gemacht, in dem unser eigenes gutes Ende eingewickelt ist. Vielleicht ist diese Osterwahrheit für das Herz der Einzelnen zu schwer. Aber wir haben ja Geschwister, die sie mit uns teilen. Wir haben ja Geschwister, deren Glauben wir zitieren können. Es ist eine Form des Glaubens, sich nicht zu wehren gegen den Glauben der Geschwister. Man lässt sich von den alten Formen und Formeln ziehen. Man muss sie nicht jederzeit mit sich selber füllen, mit dem eigenen kärglichen Geist und Glauben. Man betet nach, was andere beten. Das heißt Kirche: Geschwister haben, denen man den Glauben von den Lippen liest, und mit ihnen zusammen erlaubt man sich, keine Bedenken zu haben, wenigstens heute nicht, wenigstens an Ostern nicht. Der alte jüdische und berechtigte Einwand wird uns schon einholen: Wir sehen den offenen Rachen dieses immer noch wütenden Todes. Noch immer sind die Schwerter nicht zu Pflugscharen umgeschmiedet. Aber jetzt soll dieser nicht widerlegbare Einwand schweigen. Jetzt ist Ostern, jetzt wird gesungen, jetzt wird gelacht! Auf Befehl? Ja! Diese Glaubenszeit befiehlt es.

Seid fröhlich, ihr Trümmer Jerusalem!

Jesaja 52,7-10

An wen wendet sich diese Jesaja-Botschaft, die vor mehr als zweieinhalbtausend Jahren verkündet wurde? Wem gehört ein Text? Ein Text gehört denen, die ihn auslegen. Er gehört jenen, die ihn hineinnehmen in ihre eigene Existenz, in ihr Glück und ihr Unglück. Unser Schmerz und unsere Hoffnungen geben dem Text eine Heimat. Aus einer fernen, alten Sprache wird eine Muttersprache für die, die den Text einhüllen in ihre Tränen und in ihre kümmerlichen Hoffnungen. Zu diesen ist gesagt: »Der Herr hat sein Volk getröstet und Jerusalem erlöst.« Ihnen ist versprochen, »dass aller Welt Enden sehen das Heil unseres Gottes«. Die Hoffnung ist dreist, sie okkupiert die Hoffnungen aus alten Zeiten, damit sie am Leben bleibt. Sie flüchtet in die Zelte fremder Hoffnungen, um nicht unbehaust zu bleiben. Menschen lesen sich hinein in alte Versprechen, die ursprünglich nicht ihnen gemacht sind. Und so hören wir wie zu uns und zum ersten Mal gesagt die Nachricht der »Freudenboten«: Gott ist König; nicht deine Verzweiflung ist König, nicht dein Unglück, nicht das Trümmerfeld deines eigenen Lebens; nicht all die Kleinkönige, die dich niederdrücken. Dein Gott ist König. Die alten Versprechen Gottes sind wie ein Strudel, in den wir gezogen werden, obwohl unsere Hoffnung noch nicht schwimmen kann. Sie spülen uns dorthin, wo wir noch nicht sind mit unseren eigenen Erwartungen. Noch weinen wir, und die fremde Stimme sagt: Seid fröhlich. Noch sind Menschen in Unheil verstrickt, und die Stimme der »Freudenboten« predigt Gutes und Heil. Kann man der Stimme glauben? Eine erste Form des Glaubens wäre, sich gegen sie nicht zu wehren. Man kann Gastgeber einer fremden Nachricht sein. Man kann die Nachricht bei sich wohnen lassen, ohne dass sie schon volles Hausrecht hat. Die Aufmerksamkeit auf die schwer zu glaubende Nachricht ist der Anfang der Hoffnung. Keine Einwände gegen sie zu erheben, obwohl man Einwände genug hat, ist der Keim der Hoffnung. Das ist nicht leicht, weil die Hoffnungslosigkeit ihre eigene Süße und Schwerkraft hat. Die fremde Stimme des Versprechens weckt die Hoffnungslosen oft wie Schlafende. Sie sagt mit dem Propheten: »Auf! Werde Licht!« Sie ruft mit ihm: »Werde wach, werde wach, steh auf, Jerusalem!« In die Hoffnung zu geraten, sich nicht vom Leben und seinen Widerwärtigkeiten verschlingen zu lassen, ist auch Arbeit: aufstehen, sehen, hören auf die fremde Stimme und sich nicht von der Aussichtslosigkeit verschlingen lassen.

Nicht nur unsere Existenz legt die fremde Nachricht aus, sondern auch die Zeit, in der wir sie hören. Die Jesaja-Stimme hören wir am letzten Sonntag vor Weihnachten, und damit ist die Hoffnung mit einem Datum verbunden, jenem Datum der Geburt des Sohnes des Lichts. In dieser Zeit haben die Niederlagen und die Klagen kein Stimmrecht. In anderen Zeiten nehmen sie sich schon ihre Stimme, und sie haben recht damit. Es ist eine wundervolle Zeit, in der der Glaube die Hoffnungslosigkeit verspottet; eine Zeit, in der das »schöne Morgenlicht« besungen wird, das schon angebrochen ist; eine Zeit, in der in unseren Kirchen die Aufforderung des Weihnachtsoratoriums befolgt wird: »Lasset das Sagen, verbannet die Klage!« Es gibt Zeiten, in denen man sich nicht von den Widersprüchen bannen lassen darf. Sie werden uns schon wieder einholen – früh genug. Aber heute ist heute, und da soll fröhlich »mein Herze springen«, selbst wenn man den Herzsprüngen mühsam hinterherhumpelt.

Die Väter haben saure Trauben gegessen
Hesekiel 18,1-4

Wenn ich bei meinen Kindern eine Geste oder ein Verhalten sehe, das meinem eigenen gleicht, dann erschrecke ich und frage mich: Was habe ich ihnen vermacht? In ihr Leben ist eingewoben alles, was mir nicht gelungen ist, was ich versäumt habe und was meine Fehler waren. Und so frage ich mich, was ich meinen Nachkommen an Lebensmöglichkeiten verwehrt habe. Wir sind auch immer auf die Vergebung unserer Söhne und Töchter angewiesen. Ihre Zähne werden stumpf von den sauren Trauben, die wir gegessen haben. Sie tragen die Folgen unserer Schuld, wie wir die Folgen der Schuld unserer Väter und Mütter tragen. Wer Väter und Mütter hat, lebt in den Kontexten ihres Gelingens und ihres Versagens. Wenn ich mir unter Erbsünde etwas vorstellen kann, dann ist es dieser fatale Zusammenhang von Schuld und Versagen, in den alle Nachkommen geboren werden und an dem sie leiden. Keiner fängt mit seinem Leben an, keiner ist Erster. Denn ehe wir geboren werden, ist immer schon etwas angefangen mit uns – im Guten wie im Bösen. »Siehe, ich bin als Sünder geboren, und meine Mutter hat mich in Sünden empfangen«, heißt es im 51. Psalm. Vor der persönlichen Entscheidung eines Menschen lebt er unter den Folgen von Entscheidungen, die er nicht verantworten, aber tragen muss. Noch mehr: Wir erben oft nicht nur die Folgen der Sünden anderer Generationen, sondern die Sünden selber. Ich denke an die Geschichte des Antisemitismus in unserem Land. Die Alten haben uns ihre Verblendung vererbt, aus der wir uns nur sehr schwer herauswinden können. Ihr Erbe legt uns auf fatale Weise nahe, so zu denken wie sie. Das Erbe legt uns nahe, die gleichen sauren Trauben zu essen, die sie gegessen haben. Wir haben einmal optimistisch angenommen, wir seien die Meister unserer eigenen

Erkenntnis und unseres Gewissens; wir seien die vollkommenen Subjekte unseres eigenen Handelns. Gerade an der Frage der Judenfeindschaft sehen wir, dass unser Land gefangen war in der ererbten Dummheit. Es ist nicht leicht, sich aus den blöden Selbstverständlichkeiten zu befreien, die einleuchtend sind, weil sie schon so lange gegolten haben. Das Gewissen kann verstummen vor der Übermacht der falschen Gültigkeiten.

Dies also wende ich skeptisch ein gegen den Satz des Propheten: »Dieses Sprichwort (von sauren Trauben) soll nicht mehr unter euch umgehen in Israel.« Diese Skepsis aber kann selber zur Entschuldigung werden für alle Vergehen und vor aller Verantwortung. Die Betonung der Verstrickungen, in die wir verwickelt sind, kann zur Ausrede werden angesichts unserer individuellen Schuld. Der Prophet beharrt mit seinem Spruch auf einem Freiheits- und Würdemoment menschlicher Existenz. Er sagt: Du bist nicht nur das gebeutelte Objekt deiner Welten. Es ist dir gesagt, Mensch, was recht ist! Du kannst die Wahrheit erkennen und tun. Du bist nicht nur *vor* deinem Gewissen verantwortlich, du bist auch *für* dein Gewissen verantwortlich, und du bist nicht nur Erbe von Verblendungen, denen du nicht entrinnen kannst. Du bist du in deiner Erkenntnis und in deinen Handlungen. Der Prophet besteht auf der Schuldfähigkeit des Menschen, er besteht damit auf seinem Reichtum. Verantwortlich zu sein gehört zu den Schönheiten des Lebens. Maschinen können nicht mehr als Pannen haben. Menschen aber können das Rechte wählen, und sie können ihr Leben verspielen. Geringer ist nicht von ihnen zu denken.

Johannes der Täufer,
bewundert und in Maßen geliebt
Matthäus 3,1-12

Johannes der Täufer ist neben Jesus und Maria der einzige Heilige, dessen Geburtstag die Kirche feiert, bei den Übrigen begeht man den Todestag. Über ihn werden charmante und harte Geschichten erzählt. Im hohen Alter und gegen alle Erwartung wurde Elisabeth, seine Mutter, nach der Verheißung des Engels schwanger. Lukas berichtet, dass Maria, die Mutter Jesu, die schwangere Elisabeth besuchte, und als sie sich trafen, »hüpfte das Kind in ihrem Leib«. Darum ist der hl. Johannes später der Patron der Sänger, Tänzer und Musiker geworden. Dieser pränatale Hüpfer ist aber wohl der einzige Tanz, den Johannes gewagt hat. Später wurde er der strenge Asket, der nur Heuschrecken und wilden Honig aß, der in ein raues Kamelhaargewand gekleidet war und der keinen Wein trank. Entsprechend hat ihn die Volksfrömmigkeit angerufen bei Fällen von Tanzwut, Alkoholismus, Epilepsie und Krämpfen. Johannes war der große Bußrufer in der Wüste und hat gedroht: Die Axt ist schon an die Wurzeln gelegt, und wer keinen guten Weizen bringt, sondern nur Spreu, der wird im unauslöschlichen Feuer verbrennen. Jesus, der zunächst auch zu den herben Bußrufern gehört, hat sich von ihm am Jordan taufen lassen. Später kritisierte Johannes Herodes Antipas wegen seiner Heiratspolitik. Er wurde gefangen gesetzt und enthauptet. Entsprechend ist er der Heilige, der bei Kopfschmerzen angerufen wird.

Ich bewundere jenen starken und mutigen Propheten, aber meine Liebe zu ihm hat Grenzen, wenn ich ihn mit Jesus vergleiche. Jesus kommt aus der Schule des Johannes, und so nimmt er sein Thema auf. Auch er ist zunächst der Bußprediger. Auch er wird zunächst wie sein Meister ein Asket gewesen sein, »in ein Gewand aus Kamelhaaren« gekleidet, und auch er wird nur »Heuschrecken und wilden Honig« gegessen haben. Auch er wird die Leute, die zu ihm kamen, angefahren haben: »Ihr Schlangenbrut, wer hat euch versichert, dass ihr dem künftigen Zorn entrinnen werdet?« Noch war er ein Prophet des Untergangs. Noch hat man ihn nicht Fresser und Weinsäufer nennen können. Noch ist er nicht mit seiner bunten Schar von Männern und Frauen, Huren und Sündern durchs Land gezogen. Noch hat er nicht die Lilien des Feldes gepriesen, die schöner angezogen sind als in Salomonis Seide. Er war zunächst nur der eine: der Mann mit der großen Drohgebärde des Johannes. Noch war er nicht der große Verlocker ins Reich Gottes. Er hatte noch die brennenden Augen des Johannes.

Warum haben die Propheten mit den brennenden Augen so wenig Erfolg? Sie haben ja recht mit ihrem Blick in den Abgrund, und sie sehen, was andere nicht zu sehen wagen und wovor diese die Augen verschließen. Sie haben die Phantasie und die Stärke, die Wahrheit zu erkennen und den Tanz auf dem Vulkan nicht mitzutanzen, den alle mit verstopften Ohren und geschlossenen Augen tanzen. Vielleicht weil die Androhung des puren Schreckens niemanden bekehrt und verändert. Vielleicht vergessen sie, dass kaum jemand von der Sünde weggeprügelt werden kann. Wohl kann man zu einem anderen, reicheren Leben verlockt werden. Der verstorbene brasilianische Armenbischof Helder Camara hat in einem Gebet geschrieben: »Lehre mich, ein Nein zu sagen, das nach Ja schmeckt!« Das pure prophetische Nein macht die Menschen störrisch. Die spätere Rede Jesu hat aus dem reinen Nein herausgefunden in das Nein, das nach Ja schmeckt. Das Reich Gottes hing nicht mehr wie eine Drohung über den Menschen. Es war gemalt und beschrieben in seiner Schönheit. Jesus droht nicht nur, er verspottet den reichen Kornbauern, der sich und seine Reichtümer mit einer Mauer umgibt und nicht weiß, dass er morgen tot ist. Er malt charmant den

Kaufmann, der alles hergibt für die kostbare Perle. Er moralisiert nicht nur, er sagt: Vergebt der Ehebrecherin! Mit spielender Hand malt er in den Sand und zeigt den Richtern jener Frau die größere Schönheit der Vergebung. Er isst und trinkt mit Zachäus, dem Oberzöllner und Sünder. Und so wächst dessen Bekehrung, und er sagt: »Die Hälfte meines Besitzes gebe ich den Armen.« Die Güte trinkt mit dem Sünder Bruderschaft, und mit jedem Schluck wird dieser ein Mensch. Es wird nichts ermäßigt, und es wird keinem die Bekehrung erspart. Das Nein wird nicht unterschlagen. Aber es riecht nach Ja. In der Drohung ist die Gnade versteckt. Menschen werde nicht einfach in die Mutlosigkeit gestürzt. Sie lernen: Ja, so kann man leben. Und es wird eine Moral verkündet, bei der es keine Verlierer gibt. So wünsche ich mir die Sprache der Kirche. Sie soll nicht fasziniert sein von den Visionen des Untergangs, fasziniert soll sie sein von der Stimme des Rechts und der Güte. Auf diesem Weg können Menschen ihr folgen. In der Ikonographie wird Johannes oft asketisch verhärmt, mit langen Haaren dargestellt und mit Flügeln wegen seiner engelgleichen Lebensweise. Jesus hatte keine Flügel. Er war ein Mensch.

Die Versuchung Christi
Matthäus 4,1-11

So geht es, wenn Exegeten streiten! Jesus und der Versucher legen die Bibel aus, beide zitieren richtig. Was ist der Unterschied? Der Versucher hat eine Absicht, er will den Menschensohn zu Fall bringen und vom Willen Gottes weglocken. Dazu benutzt er die Bibel. An jenen alten Worten hat er kein originäres Interesse, er benutzt sie als Mittel zum Zweck. Wie viele Zwecke wurden schon gerechtfertigt mit frommen Worten! Der Krieg wurde gerechtfertigt, die Verdammung bestimmter Formen der Sexualität, die Verachtung der Frauen. Dass einer die Bibel zitiert, sagt noch nichts über die Qualität seiner Argumente. Man muss ihn nach den Interessen fragen, die er mit der Auslegung verbindet. In dem Netz der Interessen verfängt sich die Wahrheit der Bibel leicht.

Was ist anders bei Jesus, der sich auf jene alten Worte beruft? Er macht sich die Wahrheit der Bibel nicht zu Diensten. Sie sind nicht dazu da, seinen Brothunger zu stillen. Sie sind nicht dazu da, ihm den guten Ausgang seiner Höhenflüge zu garantieren. Sie garantieren gar nichts. Jesus sucht in ihnen den verborgenen und oft nur mühsam zu entdeckenden Willen Gottes. Gewiss sind auch jene, die den Willen Gottes mit Hilfe der alten Weisungen suchen, nicht gegen irrtümliche Auslegung gefeit. Aber je mehr sie fähig sind, auch der eigenen Auslegung zu misstrauen; je mehr sie fähig sind, hinter den Wörtern der Bibel die nicht leicht zu entziffernde Handschrift Gottes suchen, umso mehr nähern sie sich der Wahrheit. Die Sätze und die Wörter der Bibel sind nicht die Wahrheit, aber sie können die Suchenden zur Wahrheit führen. Sie reinigen ihre Interessen und Absichten. Die Wahrheit liegt unter den Wörtern, sie färbt diese, aber sie ist nicht identisch mit ihnen. Die Bibel ist das große Gottesgespräch unserer Toten. Es enthält ihren Geist und gelegentlich auch ihre Beschränktheit. Gott ist höflich. Er donnert uns seine Wahrheit nicht um die Ohren, auch nicht in der Bibel. Er lässt uns Subjekte sein bei der Suche nach den richtigen Wegen. Gott ist gütig. Er lässt uns nicht in der Gefangenschaft der eigenen Horizonte. Er führt uns in den alten Gesprächen, die unsere Väter und Mütter mit ihm geführt haben und die er mit ihnen geführt hat, in eine Freiheit, die größer ist als unsere eigenen Horizonte.

Wäre der Versucher bis zum Geist der Bibel gedrungen und wäre er nicht an ihren Wörtern hängen geblieben, dann wäre er nicht dem Grundirrtum verfallen, dass die Gottesknechte jederzeit die Gefeiten und vor allen Niederlagen Geschützten sind. Es ist einer der verbreitetsten Irrtümer, die Gottbezogenheit von Menschen an ihren Siegen abzulesen. Wenn du der Sohn Gottes bist, sagt der Versucher, dann wird dir nichts geschehen. Du wirst nicht verhungern an den Steinen des Lebens. Alle deine Stürze werden aufgefangen sein im Schoß der Engel. Noch unter dem Kreuz wollen die Leute Jesu Gotteskindschaft daran ablesen, dass er sich selbst retten und vom Kreuz herabsteigen kann. Welch ein Irrtum! Diesem Sohne der Gnade ist keine Niederlage erspart geblieben. Man kann die Menschen verstehen, die so rufen. Es ist der Ruf nach der eigenen Rettung: Wie sollen wir entkommen, wenn schon jener Gesegnete nicht entkommen ist? Die Engel haben Christus getröstet, aber nicht gerettet. Die Siege sind kein Zeichen der Gotteskindschaft. Trotzdem hört der Glaube in allen Niederlagen nicht auf, jenes Hoffnungslied zu singen: Er hat seinen Engeln befohlen, sie werden dich auf Händen tragen.

Der Schatz im Acker

Matthäus 13,44-46

Meine Großmutter lebte in einem großen alten Haus, in dem der Familienüberlieferung nach Blücher während der napoleonischen Kriege übernachtet haben soll. Aus jener Zeit soll im Keller des Hauses ein Schatz vergraben liegen. Das Haus brannte gegen Ende des letzten Krieges aus. Wir Kinder kannten die Geschichte vom vergrabenen Schatz, und wir suchten wochenlang und gruben den Boden metertief um. Allerdings waren wir weniger glücklich als der Kaufmann des Evangeliums. Wir fanden nichts.

Wieso fängt jener Mensch die Suche an? Wieso hat er die Vermutung, dass irgendwo etwas Kostbares zu finden und auszugraben sei? Vielleicht hatte er eine Geschichte von vergrabenen Schätzen. Man muss Geschichten kennen, die von geheimen Schätzen erzählen, um auf die Suche zu gehen. Ohne Geschichten von Perlen und Schätzen und Kaufleuten, die etwas gefunden haben, gibt es keine Vermutungen. Man hält alle Äcker für gleich wert oder unwert. Wer nichts vermutet, findet nichts. Christen könnten mit den Geschichten, die sie sich erzählen, Menschen mit gebildeten Vermutungen sein: Es gibt etwas zu suchen. Es gibt etwas, wofür man seine ganzen Lebenskräfte und Lebensmittel aufwenden könnte, um es zu finden. Diese charmante Geschichte von dem verrückten Menschen, der alles auf eine Karte setzte, arbeitet an unserem Schatzgräberinstinkt, wie viele andere Erzählungen des Evangeliums ebenso.

In der zweiten Geschichte von der Suche und dem großen Finden ist der Sucher ein Kaufmann. Er findet die Perle, und auch er verkauft alles, was er hat, für die Perle. Der Kaufmann handelt nicht kaufmännisch. Hätte er seinen Investitionsberater gefragt, hätte der ihm gesagt: Man setzt nicht alles auf eine Karte! Ein gewisses Risiko kann man eingehen. Aber einen Teil des Geldes sollte man doch in festverzinslichen Wertpapieren anlegen. Man muss an das Alter denken, an die Schwankungen im Perlengeschäft, an die Ausbildung der Kinder und an ein gewisses Konsumvolumen! Man will ja leben! Aber der Mensch verkauft alles, was er hat, und findet den Schatz. Der Kaufmann verkauft alles, was er hat, und er findet und gewinnt die Perle. Es sind Leichtsinnsgeschichten, die da erzählt werden. Es sind die Geschichten eines jungen und frischen Geistes. Ein Mensch in seiner senilen Ausgewogenheit (es gibt sie nicht nur unter den Alten!) wird keinen Schatz vermuten; und wenn er etwas vermutete, wird er nicht auf die Idee kommen, alles dafür zu verkaufen. Er würde dafür sein letztes Hemd nicht geben.

Was mache ich nun mit dieser Geschichte von den beiden Leichtfüßen? Wir Christen ziehen zuerst die Moral aus diesen Geschichte. Nicht dass wir die Moral unser Handeln leiten lassen. Aber wir ziehen sie schon einmal, und sie bereitet uns den Luxus eines schlechten Gewissens. Könnte es sein, dass diese umweglose Moral gerade unser Handeln vereitelt? Zwischen einer Geschichte und ihrer Moral sollte es ein Mittelglied geben. Das ist die Lust, jene Geschichten schön zu finden. Man müsste diese Kaufleute mit ihrem falschen Berufsverhalten schön finden. Man müsste ihre Keckheit, ihren Mut und ihre größere Fülle charmant finden. Man müsste sie heiraten wollen wegen ihres Lebensreichtums. Nur wer die Güte schön findet, wird zu ihrer Verbündeten.

Habe ich nun das Schönfinden zur neuen Moral gemacht? Ich armer Mensch, wer wird mich befreien vom Zwang der puren Moralen!

Was Gott zusammengefügt hat, soll der Mensch nicht scheiden
Markus 10,2-9

Nehmen wir an, die Frage der Pharisäer an Jesus nach der Scheidung einer Ehe sei ernsthaft gewesen und nicht nur gestellt, »um ihn damit zu versuchen«. Schließlich ist es eine ernste Frage, und wir stellen sie bis heute. Dürfen Menschen auseinandergehen, wenn sie feststellen, dass ihr Leben miteinander zur Qual geworden ist? Das Gesetz des Mose, das als Interpretation des Willens Gottes gilt, lässt die Scheidung zu. Jesus beruft sich auf einen Ursprung, der älter ist als das Gesetz, auf die Schöpfung: »Von Beginn der Schöpfung an hat Gott sie geschaffen als Mann und Frau.« Das Gesetz ist weise, und die Weisheit ist meistens pessimistisch. Die Weisheit hat keine Illusionen, sie sieht, was der Fall ist. Sie sieht, dass zwei Menschen sich unerträglich werden können. Unerträgliches aber mutet sie den Mensche nicht zu, denn sie ist auch gütig. Vielleicht gehört zu dieser Güte ein Schuss Pessimismus. Sie lässt die Menschen nicht über die Klinge eines Prinzips springen. Insofern gebe ich den Pharisäern recht. Es kann kein Prinzip geben, auf dessen Altar das Leben geopfert wird.

Aber was wäre das Gesetz mit seiner pessimistischen Weisheit ohne die Erinnerung an den großen Gedanken des Anfangs? »Von Beginn der Schöpfung an« hat Gott Mann und Frau zusammengedacht, so sehr, dass sie ihre Väter und Mütter verlassen und »ein Fleisch« werden. Nein, dies ist kein Gesetz, es ist eine Verlockung und eine Utopie, die nicht Gesetz werden darf. Wo Utopien zu Gesetzen werden, da werden sie barbarisch. Wir kennen es aus vielen Beispielen. Es gibt also zwei Verderbnisse: die Utopie, die zum Gesetz wird, und das Gesetz, das keine Utopie mehr kennt.

Die realistische Stimme der Pharisäer brauchen wir. Wohl aber noch mehr brauchen wir heute jene große Verlockung Jesu zur Ganzheit der Liebe, zu der ihre Langfristigkeit gehört. Das Gesetz des Mose hat eine fatale Fraglosigkeit gewonnen. In Deutschland wurden im letzten Jahr 191 900 Ehen geschieden. Dies hat sicher viele Gründe und ist nicht nur moralisch zu beurteilen. Es gibt die Bedingungen einer Zeit, die sind, wie sie sie sind. Aber es gibt auch modische Torheiten, die zerstörerisch sind und die Humanität untergraben. Zu diesen Torheiten zähle ich die Sucht, von einem anderen Menschen das ganze Glück zu verlangen. Vielleicht ist einer der anderen das halbe Glück, und das ist viel. Vielleicht ist eine dem anderen die halbe Erfüllung, und das ist viel. Wir sind endlich, auch in unserer Liebe, die wir geben können. Es gibt die faulen Unendlichkeitswünsche, in denen man unfähig ist, sich als Fragment zu geben und das Fragment der Liebe eines anderen anzunehmen. Die Suche nach der ganzen Liebe ist der Glaube der säkularen Gegenwart, »der Fundamentalismus der Moderne«, sagt Ulrich Beck. Es gibt Glücksdiktate, die die Menschen unglücklich machen. Glück ist mehr als sich glücklich fühlen. Glück ist der unscheinbare geteilte Alltag. Ein auf seinen Tod zugehender Kranker hat mir einmal gesagt: Wir haben in unserer Ehe die einfachen Dinge zu wenig beachtet, die wir miteinander hatten. Wir haben den gewöhnlichen Ablauf unserer Tage zu wenig geehrt. Es ist nicht versprochen, dass Menschen einander den Himmel auf Erden bereiten. Aber man kann sich Brot sein, manchmal Schwarzbrot und manchmal Weißbrot. Man kann sich Wasser sein, und gelegentlich Wein. Und die schwer zu glaubende Erfahrung zumindest von einigen alten Paaren: Je älter man miteinander wird, umso mehr wird das Wasser zu Wein.

Ihr wisst nicht, wann die Zeit da ist
Markus 13,31-37

Der Verrat der Gegenwart an die Zukunft ist die alte religiöse Gefahr. Die ewig Morgigen misstrauen der Gegenwart. Sie ist nicht mehr als das Exil, in das die Seele verbannt ist. Überwach in ihrem Misstrauen sehen sie überall die Zeichen des Verfalls und des Untergangs. Die Welt ist nur Schein, aber nicht Vorschein. Es sind die Wächter, die nie schlafen; die nur »Gast auf Erden« sein wollen und die doch nicht wissen, wie schön es ist, Gast zu sein und Gastfreundschaft zu genießen. Sie können nicht mit Paul Gerhardt »der Gärten Zier« besingen, den Honig, den Weizen und schon gar nicht den Wein. Sie können den Vorschein der Zeit der Fülle nicht wahrnehmen. Paul Gerhardt, der die Verwüstungen des 30-jährigen Kriegs erlebt hat; der seine Kinder hat sterben sehen und der allen Grund hatte, auf dieser Erde nicht zu Hause zu sein, hatte die Fähigkeit, ein Diesseitiger und ein Jenseitiger zu sein. Es gab für ihn Stellen der Ruhe, an denen der Zweifel schwieg und an denen das Lob der Dinge größer war als jede Skepsis. Man müsste zwei Künste lernen: die Kunst, anwesend zu sein und das Leben zu loben, *und* die Kunst der Bezweiflung, die sich nicht einfangen lässt in den Gefängnissen, die sich als schöne Heimaten schminken. Jeder Widerstand, alle Skepsis und jede Bezweiflung, die nicht das Angeld des Glücks wahrnehmen und sich daran erfreuen kann, ist in der Gefahr, stalinistisch zu werden. Wer die Skepsis totalisiert, wer jede Gegenwart definiert als eine, in der man nicht leben kann, darf sich nicht wundern, dass er in ihr nicht leben kann. Glauben heißt, ein Diesseitiger und ein Jenseitiger sein können; Gott lesen können in den Gestalten seiner Anwesenheit und ihn vermissen können, wo wir ihn nicht finden; ein Versöhnter sein können und sich nicht abfinden können mit der Trostlosigkeit der Welt;

ein Bürger des Landes und ein vaterlandsloser Geselle sein können; eine Heimat zu haben und eine Heimat zu vermissen – Widersprüche, die den Menschen humaner machen!

Nein, vor der Jenseitigkeitsversessenheit und der Weltverleugnung alter Zeiten braucht man keine Angst mehr zu haben. Viel gefährlicher ist der Zwang zur lärmenden Heutigkeit, in dem kein »Herr des Hauses« mehr erwartet wird, der »zur Mitternacht« zum Gericht oder zur Hochzeit kommen könnte. Zwar finde ich heute in einer Hamburger Zeitung diese Überschrift: »Wach bleiben! Heute Nacht kommt die Königin.« Es ist aber nur das Luxusschiff Queen Mary 2, die zu erwarten ist, eine Königin bescheidener Wünsche und bescheidener Befürchtungen. Man braucht nicht viel Phantasie, nur eine kleine Hoffnung und nur ein kurzes Warten und Wachen für diese kommende Königin. Welche wundervolle Unbescheidenheit liegt darin, eine Fülle zu erwarten, in der aller Hunger und aller Durst gestillt sind; in der alle Tränen getrocknet und alle Seufzer geflohen sind. Es ist keine Drohung, es ist ein Verspechen: Einmal werden wir heimgeholt in diese Fülle und kommt dieser Herr des Hauses, »ob am Abend oder zu Mitternacht oder um den Hahnenschrei oder am Morgen«. Das ist keine Verleugnung der Gegenwart. Sie ist mit ihrer Schönheit das Versprechen der nicht mehr zu zerstörenden kommenden Ganzheit. Um es mit Paul Gerhardt zu sagen: »Ach, denk ich, bist du hier so schön und lässt du's uns so lieblich gehen auf dieser armen Erden: Was will doch wohl nach dieser Welt dort in dem reichen Himmelszelt und güldnen Schlosse werden.«

Er erhebt die Niedrigen
Lukas 1,46-55

Große Lebenswahrheiten verstecken sich in großen Bildern. Sie finden nicht Platz genug in sagbaren Worten. Solche Bilder zeichnet Lukas am Anfang seines Evangeliums. Da ist eine alte Frau, Elisabeth, vom Leben mit Unfruchtbarkeit gestraft. Das Unmögliche wird erzählt: Sie wird schwanger, und ihre Lebenshoffnung erfüllt sich. Sie hat Schwestern, von denen lange vor ihrer eigenen Geschichte Ähnliches erzählt wird: Sara, die im hohen Alter schwanger wird; Hanna, die an ihrer Unfruchtbarkeit leidet und der der Sohn versprochen wird. Und sie hat jene junge Schwester aus Nazareth, die »von keinem Mann weiß« und schwanger wird. An den Knotenpunkten der Geschichte Gottes mit seinem Volk; an den Stellen der gestorbenen natürlichen Hoffnungen der Menschen geht es nicht mit »rechten Dingen« zu, da schreibt der Finger Gottes selber Geschichte. Wo die Fruchtbaren gebären und die Unfruchtbaren unfruchtbar bleiben; wo die Gewaltigen auf dem Thron sitzen, und die Niedrigen zu ihren Füßen liegen; wo die Hungrigen leer ausgehen und wo die Reichen satt bleiben, da geht es mit »rechten Dingen« zu. Das Evangelium ist die Erzählung von der endlich auf die Füße gestellten Welt, in der den Knechten die Freiheit versprochen wird, den Hungrigen Brot, den Unfruchtbaren die Fülle des Lebens. Jene Maria singt ein Lied. Sie singt die alten Worte, die Hanna, die Unfruchtbare, vor ihr gesungen hat, und sie singt neue Worte, die das Glück ihres Herzens ihr eingaben. Es war Maria, die sang, aber es war kein Privatlied. Es war auch ihr Volk, das sang und das schon quälend lange gesungen und gewartet hatte. Tradition und Revolution sind in Marias Lied eins. »Das neue Lied ist ein Danklied, und es tut das, was alle wirkliche Frömmigkeit immer tut: Es lobt Gott. Es sagt Ja zum Leben, zum Glück und zu den Schmerzen. Es sagt Nein zur Unterdrückung und zum Hunger.« (Dorothee Sölle) Welche Einstimmung auf Weihnachten ist das kämpferisch-zarte Lied der Maria. Auch da geht es nicht mit »rechten Dingen« zu, wenn von jenem Gott gesungen wird: »Er äußert sich all seiner G'walt, wird niedrig und gering und nimmt an eines Knechts Gestalt, der Schöpfer aller Ding.« Auch da geht es nicht mit rechten Dingen zu, wo die Geschichten vom Erbarmen Gottes unter denen mit dem erbärmlichen Leben kursieren, ungehört und ungeglaubt aber in den Palästen der Mächtigen.

Ist die Geschichte von dem Mädchen aus Nazareth wahr? Hat sie den Engel gesehen, und hat sie das Kind der Hoffnung ohne Zutun eines Mannes geboren? Unsere Hoffnung lässt nicht zu, dass sie nicht wahr ist. Unsere Hoffnung singt das Lied Maria nach, und es wird zu unserem Lied, und mit jedem Gesang wird es wahrer. Je größer der Hunger nach der Wahrheit jener Geschichte ist, umso mehr verlernt man die falschen Fragen; etwa die Frage, ob alles historisch, wie geschildert, zugegangen ist. Historische Korrektheit hat recht wenig mit der inneren Wahrheit jener Geschichten zu tun. Man könnte diese dürftigen Fragen aufgeben und stattdessen lernen, die Schönheit und die Anmut jener Erzählungen zu kosten. Wie konnte die Schönheit des Liedes »Maria durch ein Dornwald ging« ohne seine Wahrheit existieren? Wie könnte der Choral »Brich an, o schönes Morgenlicht, und lass den Himmel tagen« aus Bachs Weihnachtsoratorium ins Leere gesungen sein? Es gibt Wahrheiten, die durch ihre Schönheit bezeugt werden. Es gibt Schönheiten, die nicht anders sein können als wahr.

Der große Verschwender
Lukas 8,4-8

In Bert Brechts Gedicht »Vom Sprengen des Gartens« ist ein Gärtner angeredet, der dem Sämann des Lukas-Evangeliums gleicht. Es heißt darin:

O Sprengen des Gartens, das Grün zu ermutigen!
Wässern der durstigen Bäume!
Gib mehr als genug. Und
Vergiss nicht das Strauchwerk, auch
das beerenlose nicht, das ermattete
geizige! Und übersieh mir nicht
zwischen den Blumen das Unkraut, das auch
Durst hat. Noch gieße nur
den frischen Rasen oder den versengten nur;
auch den nackten Boden erfrische du.

Der verschwenderische Gärtner ist ein großer Liebhaber. Wenn er nur nach seinen Interessen handelte, dann bliebe für das beerenlose, das ermattete und geizige Strauchwerk kein einziger Tropfen. Jener Gärtner aber zählt nicht. Großmütig bekommt auch das nichtsnutzige Unkraut, »das auch Durst hat«, seinen Anteil. In nicht berechnender Schönheit wird auch das Fruchtlose gehegt.

Ich lese das Evangelium vom Sämann gegen seine Absicht. Das Gleichnis hat nur am »guten Land« Interesse, am »feinen und guten Herzen«, das »Frucht bringt in Geduld«. Für einmal sollen nicht der Erfolg des Säens und der gute Boden mein Augenmerk bannen, sondern jener großmütige, geschäftsuntüchtige Sämann, der seine Erfolge nicht berechnet. Er streut seinen Samen mit großem Wurf, als hätte er ganze Scheunen von Samen zu verstreuen. Die Güte zählt nicht, sie ist verschwenderisch. In widersinniger Hoffnung wartet sie auf die Frucht auch des kümmerlichen und felsigen Bodens. In jedem Jahr wird dieses Gleichnis in unseren Gottesdiensten gelesen. In jedem Jahr kommt jener Sämann, der nichts dazulernt, mit seinem Samen in das »ermattete, geizige« Strauchwerk der Menschenherzen. In jedem Herbst erlebt er dieselbe Enttäuschung: Es ist vieles verdorrt, entwurzelt und erstickt, worauf er seine Hoffnung gesetzt hat. Nein, ich will jetzt keine Träne über den unfruchtbaren Boden vergießen. Ich will nur die zärtliche Torheit jenes Sämanns betrachten. Der geringe Erfolg seiner Arbeit erstickt seine Hoffnung nicht. Er kommt wieder, er sät wieder mit weitem Schwung seinen Samen – auf den Weg, auf felsigen Boden, unter die Dornen und auf den bereiten Acker.

Auch Matthäus und Markus erzählen dieses Gleichnis, und dort wird aufgezählt, wie viel Frucht das gute Land bringt: Einiges hundertfache, einiges sechzigfache, einiges dreißigfache. Der Gleichniserzähler hat nur diese opulenten Äcker im Blick. Nun gut, es ist sein Recht. Vielleicht hat der Sämann, der großmütige Tor, noch einen zweiten Blick. Er wiegt nicht nur das Hundertfache und das Sechzigfache. Er bemerkt, dass das Korn auf dem felsigen Acker wenigstens gequollen ist; dass das Korn unter den Dornen zwar nicht zur Reife gekommen ist, sich aber wenigstens bemüht hat im lichtlosen Gestrüpp. Er wird wohl kein Vertreter einer Alles-oder-Nicht-Ideologie sein. Vielleicht schätzt er ja die Anfänge, den kleinen guten Willen, das erste Aufblühen. Vielleicht sieht jener Bauer, weil er seine Saat liebt, sein Korn größer, als es je gewachsen ist. Der Erzähler des Gleichnisses heißt den hundertfachen, den sechzigfachen, den dreißigfachen Ertrag gut. Eine entmutigende Aussicht für den kleinen Menschen, wenn nur solche Erträge gelten. Der Sämann – so ist zu vermuten, wenn er so verschwenderisch sät – schätzt auch die eine kümmerliche Ähre, die sich durch die Dornen windet.

Ich habe wohl das Gleichnis für den Hausgebrauch zu sehr ermäßigt. Aber dazu ermutigen der Sämann und jener Gärtner, der auch das Unkraut gießt.

Vielleicht bringt er noch Frucht

Lukas 13,6-9

Vor elf Jahren haben mir Freunde ein Apfelbäumchen geschenkt. Ich habe es in unseren Garten gesetzt und auf Blüte und Frucht gewartet. Drei Jahre hat das nur mühsam wachsende Bäumchen nichts geliefert, die Jahre darauf zwei oder drei klägliche Äpfelchen, in diesem Jahr acht, zwar klein und unansehnlich, aber das Bäumchen hat sich abgemüht und es nicht zu mehr gebracht. Ich liebe dieses Bäumchen mit seiner Mühe und seinen kläglichen Früchten, und ich werde es gegen den Rat meiner Freunde nicht umhauen. Der produktorientierte Herr des Weingartens will dem Feigenbaum des Gleichnisses keine Zeit lassen. »So hau ihn um!«, befiehlt er dem Gärtner. Gärtner sind geduldiger als die »Herren«, und darum bittet der Gärtner dieser Geschichte: Gib ihm eine Chance! Ich will ihn düngen, vielleicht bringt er doch noch Frucht. Es ist das hoffende »Vielleicht« der Liebe. Sie ist geduldig und mit der Axt nicht so schnell dabei. Der Bitte des Gärtners wegen ist das Gleichnis erzählt. Je älter man wird und wenn man weiß, wie bescheiden die Früchte des eigenen Lebens sind, umso mehr dürstet man nach der Fürsprache des geduldigen Gärtners. Man braucht den Gärtnergott, der die Geduld und seine Sanftheit nicht verliert. Man kommt mit dem Früchte suchenden Herrengott nicht aus. Das merkt man in all den Jahren der geringen Lebenserträge.

Habe ich das Gleichnis ermäßigt? Habe ich darin nur gelesen, was zu meinen Gunsten spricht: die Milde des Gärtners? Dessen letzter Satz ist hart: »Vielleicht bringt er doch noch Frucht; wenn aber nicht, so hau ihn ab!« Hau ihn ab! Das Evangelium spricht nicht nur für uns, es spricht auch gegen uns. Der Baum, der keine Frucht bringt, soll umgehauen und ins Feuer geworfen werden. Wir können diese Sätze nicht überlesen. Sie stehen da und bedrohen uns.

Man kann sein Leben verspielen und seine Zeit fruchtlos vertun. Wir können es als Einzelne, wir können es als Kirche. Gott nimmt uns und seine Kirche ernst, und so erlässt er uns nicht die Folgen unserer Taten. Das ist unsere eigenartige Würde, dass wir belangbar sind. Gott hält uns für mündig und also auch für strafmündig. Gott ist groß, und er denkt groß vom Menschen.

Die Geschichte vom Feigenbaum hören wir am Buß- und Bettag. Er ist als Feiertag abgeschafft, weil wir ja produzieren und konsumieren müssen und weil die Christen selber ihn zu einem leeren Tag haben verkommen lassen. Wie schön wäre eine Kirche, die den Buß- und Bettag ernst nähme; die an diesem Tag den Mut hätte, sich selbst gegenüberzutreten und sich ins Gesicht zu schauen. Wer Sünde und Schuld nicht nennen kann, verspielt eine der wundervollsten Fähigkeiten, nämlich »das Recht, ein anderer zu werden« (Dorothee Sölle), das Recht, sich zu bekehren. So geht die Freiheit verloren und man bleibt Gefangener des eigenen kläglichen Herzens.

Und noch einmal zurück zu meinem Apfelbäumchen! Meine verstorbene Frau kam einmal nach langer Reise zurück. Wir gingen am Abend schon bei halbem Licht durch den Garten. Sie sah das Bäumchen und war enttäuscht, dass es kaum Äpfel trug. Ich habe in der Nacht mit unseren Kindern die Äpfel, die wir noch im Haus hatten, an den Baum gehängt. Am nächsten Morgen war meine Frau ganz entzückt über die reiche Ernte. Sie hat nicht gemerkt, dass der Baum mit Fremdäpfeln behängt war. Könnte es sein, dass Gottes gütige Augen gelegentlich mehr Früchte bei uns finden, als wir hervorgebracht haben? Das wäre unsere Hoffnung.

Der verlorene Sohn

Lukas 15,11-32

Eine Geschichte zwischen drei Männern, der erste: *Der Sohn*. Ich gestehe, er ist mir nicht unsympathisch. Er setzt durch, was viele Söhne wollen: Hinaus aus der Enge der Herkunft, Vater (und Mutter) verlassen, eine andere Welt suchen als die immer schon vorgefundene, im »fernen Land« eine andere Lebenssprache lernen als die immer schon gekonnte.

Nicht unsympathisch ist mir sein Hang zur Verschwendung, sein Prassen. Jedenfalls ist dies mir sympathischer als alles Geizen, Sammeln, Zurückhalten und Horten. Der Verschwender ist mir sympathischer als die Investoren, die Geldvermehrer und alle, die unfähig sind, etwas zu vergeuden.

Meine größte Sympathie hat er, wo er sich seine Niederlage eingesteht. Er beruft sich auf nichts mehr, er beschönigt nichts mehr, er hat nichts mehr als seinen Bettelstab. Er weiß, dass er den Namen Sohn verspielt hat: »Ich bin nicht mehr wert, dass ich dein Sohn heiße.« Eines hat er noch: die dreiste Erwartung, dass der Vater ihn nicht ins Nichts schickt. Die Rechte hat er verspielt, aber Tagelöhner, rechtloser Abhängiger könnte er noch sein.

Der Vater: Er hat lange Ausschau gehalten, dann sieht er den Verlorenen von ferne. Ein komisches Bild: Er läuft ihm entgegen. Ein alter Orientale läuft nicht, er geht gemessen, er wartet, bis der andere kommt, und zeigt so schon seine Überlegenheit. Aber dieser Vater vergisst, was Sitte ist, er läuft ihm entgegen. Er küsst den Sohn, ehe dieser den Mund zu seiner wohlvorbereiteten Beichte aufmachen kann. Und dann all diese Überflüssigkeiten: Ein Ring muss her, ein Mastkalb muss geschlachtet werden, es muss getanzt und gesungen werden. Die Schönheit dieser Geschichte liegt in diesen Überflüssigkeiten. Ein Hirsebrei für den Verhungerten wäre schon etwas gewesen. Ein kleines »Siehst du, was dabei herauskommt!« wäre schon zu erwarten gewesen und hätte dem Halunken nicht geschadet. Stattdessen das Kalb, der Ring und das große Fest. Der Verlorene wird nicht gedemütigt, nicht einmal durch Vergebung. Die Bußfertigkeit des Sohnes ertrinkt in der Freude des Vaters. Sollte der Sohn aber ein guter Protestant sein, dann besteht er auf seiner Sündigkeit und wird beim Fest nur kärglich essen, schon gar nicht trinken, jedenfalls keinen Wein.

Der Bruder: Er hat recht mit seiner Klage! So lange treue Kärrnerarbeit und nicht einmal ein Böcklein für ein bescheidenes Fest mit den Freunden. Er hat recht, aber mehr als recht hat er nicht, der arme Kerl!

Sie haben Mose und die Propheten
Lukas 16,19-31

Die Geschichte vom reichen Prasser und armen Lazarus erzählt von zwei Leben, die aneinander gescheitert sind. Das Leben des Armen scheitert am Reichtum des Reichen. Er will Brot, wenigstens so viel, wie vom Tisch des Prassers abfällt. Er bekommt es nicht. Er hat außer den Hunden, die seine eitrigen Wunden lecken, keinen Lebenstrost. Der Prasser lebt alle Tage »herrlich und in Freuden«. Der Arme stirbt an der Herzlosigkeit des Reichen seinen Elendstod.

Das Leben des Reichen scheitert an der Armut des Armen. Der Prasser – die Bibel gönnt ihm keinen Namen, wenigstens das nicht, wo er sonst schon alles hat! – stirbt nicht nur am Ende seines Lebens. Schon zu Lebzeiten hat er sich sein Prunkgrab gebaut, ausstaffiert mit Purpur und Linnen. Sich selber hat der Kalkulierer den Trost des Lebendigen gestohlen. Er hat nicht auf das Leben vertraut, er hat sich eingesperrt in den Kerker seiner Selbstsucht. Ich lese bei Erich Fromm: »Wenn sich mein Selbst durch Dinge konstruiert, die ich besitze, dann bin ich unsterblich, wenn diese unzerstörbar sind.« Sein Purpur aber ist zerstörbar, er wird von den Motten gefressen. Sein Geld verfällt, und die Scheunen, die er gebaut hat, werden einstürzen. Er ist schon tot – vor seinem Tod.

Das Ende des einen: Er wird von Gottes Engeln in den Schoß Abrahams getragen. Ich ermäßige nichts von diesem Bild und spiritualisiere es nicht. Es ist der Trost der Elenden. Es fragt kein Gott, ob er auch fromm und gottesfürchtig war. Er war arm, und das genügt. Außerdem sind die Armen oft genug zu arm, um fromm zu sein.

Das Ende des anderen: Das Feuer und der unstillbare Durst. Ich will auch dieses Bild nicht ermäßigen, denn so steht es ohne Ermäßigung in der Bibel. Auch der Reiche wird nicht gefragt, wie viel er gebetet hat und wie oft er in der Synagoge war. Er war reich auf Kosten des Armen, das ist sein Urteil. Ich kann das Urteil nicht ermäßigen, indem ich etwa hinzufüge: »Vor Gott sind wir alle arm, die Armen und die Reichen!« Davon steht in dieser Geschichte nichts. Vor Gott sind die Armen arm und die Reichen auf Kosten der Armen reich. So simpel ist das Urteil Gottes, zumindest in dieser Geschichte.

Wie lebt eine Kirche, deren Theologie nicht von der Armut der Armen her entworfen ist; in deren Synoden nicht die »mit Geschwüren Bedeckten« sitzen; in deren Häusern die Trostlosen selten Asyl finden? Es würde schon etwas bedeuten, wenn die Kirche sich des eigenen Widerspruchs und Verrats bewusst wäre. Noch hat sie die Geschichte vom Prasser und von Lazarus nicht aus dem Schatz ihres Selbstverständnisses gestrichen. Noch erzählt sie die Geschichte, die ihr eigenes Gericht ist.

In den letzten Jahren wurde in der evangelischen Kirche über zwei Dokumente scharf gestritten, über die »Bibel in gerechter Sprache« und über das Impulspapier der EKD zur Kirche der Zukunft. Mit der »Bibel in gerechter Sprache« habe ich meine Probleme. Aber diese Übersetzung hat eine Option. Sie beachtet die Geschlagenen, die als einzigen Trost die Hunde haben, die ihre Wunden lecken. Das Impulspapier gibt dazu wenig Impulse. Man spricht gelegentlich über die Häresie jener Bibelübersetzung. Es gibt auch die unauffälligen Häresien der Texte, die die Elenden vor den Portalen der Prasser übersehen.

Wir sind als Kirche die fünf Brüder, die noch leben und zu denen der Verdammte Lazarus zur Warnung schicken wollte. Einen zurückgekehrten Lazarus bekommen wir nicht, aber wir haben »Mose und die Propheten«.

Ihr habt mein Haus
zur Räuberhöhle gemacht
Lukas 19,41-48

»Dominus flevit« ist der Name eines Sonntags im Kirchen-
jahr – der Herr weinte über Jerusalem, die Stadt, die er
liebte. Nach den Tränen Jesu folgt die Geschichte von der
Tempelreinigung. Die Bibel lesen heißt, sich selber hineinlesen in jene alten Geschichten. Wir lesen uns gern in den
Trost jenes Buches. Aber sich in der Bibel finden, heißt
auch, sich hineinlesen in sein Gericht. Die Tränen Christi
sind Tränen über seine Kirche. Die Tempelreinigung ist
auch der Zorn Christi gegen seine eigene Kirche. Was sind
seine Tränen über das »neue Jerusalem«, wie die Kirche
sich gerne genannt hat? Was sind seine Tränen über unsere Tempel und seine Gottesdienste? Was ist sein Zorn über
unsere Hohen Priester, über unsere Schriftgelehrten und
die »Angesehenen des Volkes«? Nun, es gibt viel zu weinen.
Bei anderen Gelegenheiten mögen wir über die Schönheit
der Gottesdienste reden. Heute aber ist der Sonntag
»Dominus flevit« – der Herr weinte.

Es ist zu weinen über die verwohnte Sprache, die in den
Gottesdiensten gesprochen wird. Die Wörter Gnade, Sünde, Auferstehung, Kreuz, Heil, Segen werden aneinander-
gefügt, als seien es nicht Worte einer großen Leidenschaft.
Der Name Gottes wird ohne Erschrecken und so oft genannt, als hätten wir gerade mit ihm gefrühstückt. Die
Wörter sind schrecklich verbraucht durch millionenfache
Verwendung. Sie haben ihr Geheimnis verloren und sind
von trügerischer Offensichtlichkeit. Es ist besonders die
Gefahr von uns Theologen und Theologinnen, mit tönen-
den und tönernen Lautgebilden umzugehen, die unter-
wegs ihre Inhalte und ihre Reinheit verloren haben. Kann
es noch einmal eine Sprache geben, die aus dem Schwei-

gen kommt? Zur Rettung des Schweigens brauchen wir eine liturgische Sprachentrümpelung. In unseren Fürbittgebeten, in unseren Präfationen und Andachten schleppen wir Klischees mit, bei denen niemand mehr zu denken braucht. Es ist eine stets zur Verfügung stehende Sprache, die kein Zögern kennt, sie kommt glatt von glatten Lippen. Es ist das selbstlaufende religiöse Formular, das manchmal unfreiwillig komisch wird. Ein Kollege eröffnete einmal den Bußakt mit diesen Worten: »Wir wollen alles bereuen, was wir Gutes und Böses getan haben.«

Als der Prophet Hesekiel berufen wurde, sprach die Stimme zu ihm: »Du Menschenkind, du musst diese Schriftrolle, die ich dir gebe, in dich hineinessen und deinen Leib damit füllen.« Man kann nicht predigen, und die Zeichen der Bibel verblassen, wenn man sie nicht in sich hineingegessen, hineinmeditiert und hineingebetet hat. Erst das reinigt uns von dem Schlamm des immer gleichen Geredes. Das ist nicht nur eine Frage an Pfarrerinnen und Theologen. Es ist eine Frage an die Gemeinden, wie viel Zeit und Raum sie diesen lassen für Studium, Bildung, Gebet und Meditation. Verantwortliche Presbyterien dürfen von ihren Pfarrern und Pfarrerinnen nicht nur steigende Tauf- und Konfirmandenzahlen verlangen. Sie sollen sie nicht wie Schlittenhunde von Aktivität zu Aktivität hetzen. Sie sollen von ihnen verlangen, dass sie sich geistlich bilden, und vielleicht sollen sie ihnen auch in die Parade fahren, wenn sie den Namen Gottes missbrauchen durch zu häufige Nennung.

Dies ist kein Aufruf zur Fahnenflucht aus der alten Sprache, wohl ein Aufruf zur Kargheit gegen alle Glätte und Gekonntheit. Man kann die Sprache nicht neu erfinden, und man soll es auch nicht, aber man kann sie reinigen.

Die Rettung der Nutzlosigkeit
Markus 14,2-9

Eine charmante Geschichte beschreibt Markus. Jesus ist Gast im Hause Simons des Aussätzigen. Als sie zu Tische sitzen, kommt eine Frau, sie hat ein Glas mit unverfälschtem und kostbarem Nardenöl. Sie zerbricht das Glas und salbt sein Haupt. Die Tischgenossen ärgern sich und sagen: »Was soll diese Vergeudung! Man hätte das Öl für mehr als 300 Silbergroschen verkaufen und das Geld den Armen geben können.« 300 Silbergroschen sind in jener Zeit etwa der Jahresverdienst eines Landarbeiters gewesen, sofern er Arbeit hatte.

Lukas beschreibt diese Geschichte noch drastischer und erotischer. Bei ihm ist es eine bekannte Sünderin. Auch sie bringt das kostbare Öl und salbt ihn. Sie benetzt seine Füße mit ihren Tränen und trocknet sie mit ihren Haaren. Was soll die Vergeudung? Was soll diese nutzlose Geste? Was soll diese zwecklose Schönheit? So fragen jene Männer, die etwas von Kosten und Nutzen verstehen. Wer würde ihnen nicht zustimmen! Das Geld hätte man tatsächlich den Armen geben können. Die Schönheit kann sich nicht rechtfertigen, sie ist, weil sie ist. Die Zwecke haben immer die Argumente für sich. Das Spiel hat kein Argument. Es ist, weil es ist. Diese kleine Geschichte ist die Erzählung eines Liebesspiels, einer nicht begründbaren Zärtlichkeit. Es ist eine graziöse Geschichte. Graziös kommt von »gratia«, welches Gnade bedeutet. Gnade ist das Liebesspiel zwischen Gott und dem Menschen, zwischen dem Menschen und Gott. Es ist nicht ein Differenzbegriff, nicht ein Begriff, der den Abstand zwischen Gott und den Menschen umschreibt. Gnade bedeutet das ungeschuldete Überfließen des einen zum anderen. Ihr schönstes Bild findet sie in der Geschichte einer wehrlosen Frau, die sich zum Gespött der Männer macht, weil sie das

Unsinnige wagt. In ihren Augen hat Sinn nur, was Zweck hat.

Das Gebet und der Nutzen: Ich lese eine amerikanische Untersuchung über den Nutzen von Religion. Gebetsgruppen begleiten eine Anzahl von Krebspatienten, ohne dass diese das wissen. Eine Kontrollgruppe von Patienten mit dem gleichen Phänomen und dem gleichen Leiden bleibt ohne Gebetsbegleitung. Das behauptete Ergebnis: Die im Gebet begleiteten Patienten ertragen ihr Leiden besser und werden häufiger wieder gesund. Also: Religion ist nützlich. Es gibt viele Verzweckungen dieser Art: Wer glaubt, hat einen besseren Schlaf, er übersteht Krankheiten besser und hat mehr geschäftliche Erfolge. Es gibt viele christliche Gruppen, die mit diesen Zweckargumenten für den Glauben werben. Leider erfahren die meisten Beter, dass ihre Gebete für Zwecke recht ungeeignet sind. Den Glauben mit Zwecken zu rechtfertigen, könnte die Zerstörung seiner inneren Schönheit bedeuten. Jesus jedenfalls ist mit seinem Glauben nicht besser durchs Leben gekommen. Die großen Figuren der Christentumsgeschichte wurden in ihrem Glauben jedenfalls nicht schmerzensfreier, gesünder und schon gar nicht erfolgreicher. Auch in einer solchen Auffassung wird der Sinn in der Zweckhaftigkeit und im Nutzen gesehen. Die Zwecke zerstören die Poesie. Ich benutze für den Glauben lieber eine ästhetische Kategorie. Es ist schön, das Leben nicht stumm zu lassen. Es ist schön, die Stimme im Gebet zum Dank zu erheben, zum Protest, zur Empörung. Es ist schön, im Abendmahl die Nähe Gottes zu den Menschen zu feiern. Ich frage nicht, wie viel Gnade es dabei gibt und wie viele Sünden dabei vergeben werden. Ich will nicht bestreiten, dass das Gebet und die große Aufführung des Glaubens in der Liturgie Folgen haben, die beschreibbar sind. Aber man kann sie nicht wegen ihrer Folgen und wegen ihres Nutzens wollen und praktizieren. Das wäre etwa so zerstörerisch, als wollte ich eine Frau küssen, damit sie mit ihrem Geld rausrückt. Dass dies eine Zerstörung der Poesie des Küssens wäre, sieht jeder ein.

Im Kleinen Prinzen von Saint-Exupéry ist eine wundervolle Geschichte gegen die reine Effizienz erzählt. Der Kleine Prinz kommt zu einem Händler, der seine Durst stillenden Pillen anpreist. Er lobt den Vorteil der Zeitersparnis, da das Trinken entfällt. Er rechnet dem Prinzen vor: »Die Sachverständigen haben Berechnungen angestellt. Man erspart dreiundfünfzig Minuten in der Woche.« Der Kleine Prinz aber antwortet mit geradezu jesuanischem Humor, wenn er diese Zeit gewönne, »würde ich ganz gemächlich zu einem Brunnen laufen…« Schöner kann das reine Effizienzdenken nicht ironisiert werden. Der Händler mit den Durst stillenden Pillen raubt den Menschen die Umwege, die Langsamkeit, den Genuss der Wege und das mystische »Nun«. Die Lebensvorgänge werden begradigt, wie unsere Flüsse begradigt wurden und dabei viel von ihrer Schönheit eingebüßt haben. Die effiziente Direktheit hat ihren Charme gefressen. Könnte es sein, dass das Effizienzdenken auch auf menschliche Verhältnisse abfärbt? Wird das schöne Wort Liebesspiel verschwinden, weil auch jede Erotik begradigt wird auf grobe sexuelle Direktheit? Was wird aus den Behinderten, den Alten und den schwer und lange Kranken, die zu nichts mehr nütze sind und sich nicht mehr durch ihre Effizienz ausweisen können? In einem Rechenbuch aus der Nazizeit lese ich folgende Aufgabe: »Ein Geisteskranker kostet die Volksgemeinschaft täglich 11 Reichsmark. Berechne wie viel 13 Geisteskranke die Gemeinschaft in 5 Jahren kosten. Berechne weiter, wie viele Siedlungshäuser man dafür bauen könnte, wenn ein Haus 22.000 RM kostet.« So weit gehen unsere Rechenmeister nicht. Aber wenn Sinn nichts mehr anderes ist als Zweck und Nutzen, dann ist der Charme des Lebens in Gefahr.

Schöpft und bringt's dem Speisemeister!
Johannes 2,1-12

Es gibt entbehrliche und unentbehrliche Wunder. Unentbehrliche Wunder sind, dass die Blinden ihr Augenlicht finden; dass die Lahmen springen und die Stummen singen lernen. Das Problem mit diesen unentbehrlichen Wundern ist, dass sie im Leben so selten vorkommen. Die Blinden bleiben meistens blind, die Lahmen humpeln weiter, und die Verstummten haben nichts zu singen. Wir haben nichts als die Geschichten von neuen Augen, neuen Liedern und neuem Springen. Aber wenigstens die Geschichten haben wir. Sie wollen uns nicht erzählen, was einmal war. Sie singen davon, was einmal sein wird. Einmal wird es sein, dass unser Leben, das wie schales Wasser aussieht, verwandelt wird in köstlichen Wein. Einmal werden die Lahmen ihren Tanz und die Blinden ihr Augenlicht finden. Mein Zweifel an historischen und gegenwärtigen Wundern ist groß. Aber die Lahmen und die Blinden und die Verwundeten lassen es nicht zu, dass ich die Hoffnung auf die Heilung aller Wunden aufgebe. Diese Hoffnung kann man nicht bildlos haben. Sie ist eingewickelt in die Erzählungen von den Wundern, die schon geschehen sind. Es sind große Gedichte der Hoffnung, keine Tatsachenberichte.

Das Weinwunder aus dem 2. Kapitel des Johannesevangeliums könnte man ein entbehrliches Wunder nennen. Es platzt etwas plump in die hehre Stimmung des Anfangs dieses Evangeliums. Vorher steht der wundervolle und geheimnisvolle Prolog. »Am Anfang war das Wort«, beginnt er. Es wird vom Zeugnis des Täufers berichtet und von der Wahl der ersten Jünger. Danach die beinahe triviale Geschichte von einer Hochzeit, bei der der Wein ausging. Sie hat lustige Stellen. Ich denke an den verblüfften Speisemeister, der nicht weiß, woher der neue Wein kommt, und der in würdevoller Küchenmoral erklärt: Erst der gute

Wein! Der schlechte dann, wenn alle betrunken sind! Es ist, als ob dem Evangelisten selbst diese Heiterkeit peinlich wäre, und darum der gehobene Abschluss: Er offenbarte seine Herrlichkeit, und seine Jünger glaubten an ihn. Ich weiß nicht, ob ich selber auf dieses Kunststück hin geglaubt hätte. Aber ich hätte vom Wein getrunken.

Ich habe unterschieden zwischen überflüssigen und unentbehrlichen Wundern. Das Weinwunder zu Kana ist zugleich überflüssig und unentbehrlich. Es ist überflüssig, das wird wohl jeder schwäbische Pietist sagen, wenn er nicht gerade Trollinger anbaut. Es ist unentbehrlich, weil es schön ist. Es wird eine schöne Geschichte erzählt: eine Hochzeit; geladene Gäste, die bechern; ein bekümmerter Bräutigam; der Speisemeister mit seiner Verwirrung und Gastgeberschläue. Auch diese Geschichte ist eine Erzählung davon, was kommen soll im endgültigen Reich der Freiheit. Auch da gibt es die wundervollen Überflüssigkeiten. Da werden die Blinden sehen und die Lahmen tanzen, nicht weniger als das. Aber da wird auch Wein getrunken und gefeiert. Auch da schließen die Notwendigkeiten die Schönheit nicht aus. Es wird gefeiert, und es wird Wein getrunken. Auch da gibt es das große Gastmahl, wie es der Prophet Jesaja beschreibt: Gott wird »allen Völkern ein fettes Mahl machen, ein Mahl von reinem Wein, von Fett, von Mark, von Wein, darin keine Hefe ist«.

Jesus »offenbarte seine Herrlichkeit« mit diesem Wunder. Er zeigte einen Schimmer der Schönheit, die kommen wird. In Predigten und Auslegungen dieser Wundergeschichte hat man ihre Schönheit oft mit einem Wust von Allegorien verdeckt, so als würde sie nicht allein genügen. Aber Schönheit braucht keine weitere Erklärung.

Anbeten im Geist und in der Wahrheit
Johannes 4

Don Quijote, der ritterliche Held im Roman von Miguel de Cervantes, hat einen Knappen, Sancho Panza, und man kann seinen Namen als »heiliger Bauch« übersetzen. Sancho Panza sieht alles richtig und versteht alles falsch. Don Quijote kämpft gegen ein feindliches Heer, und Sancho sieht, dass es nur eine Hammelherde ist. Der Ritter kämpft gegen feindliche Riesen, Sancho sieht, dass er gegen Windmühlen kämpft und unterliegt. Wer sieht richtig und versteht falsch? Wer versteht richtig und sieht falsch?

Bei der Begegnung mit der Samariterin am Brunnen scheint Jesus von vielen Sancho Panzas umgeben. Die Frau versteht nicht. Sie sieht nur das Wasser, das den leiblichen Durst löscht. Jesus spricht von einem Wasser, das keinen mehr dürsten lässt. Sie sieht Berge und Hügel, auf denen man anbetet. Christus erkennt keinen Berg der Anbetung an. Der Geist ist die einzige Stätte der Anbetung. Die Jünger vermuten ihn satt, weil ihm jemand zu essen gegeben hat. Christi Speise ist es, den Willen Gottes zu tun. Die Frau sieht und glaubt die Einteilungen der Welt – dass Juden nur von Juden trinken dürfen und Samariter nur von Samaritern. Christus hat sie längst überwunden, obwohl sie doch bestehen, und der Jude verlangt von der Samariterin Wasser.

Die Religionen sind Sancho Panzas, auch die christliche. Sie setzen auf die Einteilungen der Welt: Katholiken trinken nur bei Katholiken, Protestanten nur bei Protestanten. Sie erklären, was die richtigen Berge, Zeiten, Orte, Formen, Institutionen und Strukturen der Anbetung sind. Gelegentlich machen sie auch ihrem Namen »heiliger Bauch« Ehre und sorgen sich mehr um die Selbsterhaltung und die leibliche Speise als um jene Speise, die der Wille Gottes ist. Sie haben oft Unrecht, aber nicht immer, wie auch Sancho

Panza richtig gesehen hat. Es gibt keinen Glauben, der ohne »heilige Berge« auskäme; ohne wichtige Orte, Formen, Rhythmen, Figuren, und all das, was Religionen, das Christentum eingeschlossen, so lieb ist. Alle Sanchos lieben die Handgreiflichkeiten. Sie setzen ihre Hoffnung auf sie, und sie arbeiten mit einer Verbissenheit an ihnen, als hinge das Heil von ihnen ab. Sie verlieren jeden Humor, wenn man Hand an die Handgreiflichkeiten legt.

Der Geist legt Hand an die Handgreiflichkeiten. Er ruiniert so viel von dem, was den Religionen wichtig ist. Zeiten des Geistes sind auch immer Zeiten, in denen zu Ruinen wird, was so kunstvoll gebaut war und worauf sich die Menschen verlassen haben. Die Propheten aller Religionen ruinieren die falschen Gottesdienste, die falschen Lebensanschauungen, die verlogenen Welten, die Stützen der betrügerischen Hoffnungen. Der Geist jenes Gottes, den Christus versprochen hat, ist ein Sturm, nicht ein sanft fächelndes Lüftchen, vor dem niemand erschrickt. Der Geist Christi ist ein Geist der Gewissheit und der Unterbrechung; ein Geist der Beheimatung und ein Geist der Vertreibung aus den alten Einrichtungen. Alle Sanchos raten: Lass die Finger von den Windmühlen! Lass sie klappern! Es ist wahr, dass die vom Geist Getriebenen sich blutige Nasen holen und Knochenbrüche beim Kampf gegen die Windmühlen. Aber sie wissen, was Pfingsten ist. Sie wissen, worauf sie sich verlassen dürfen und worauf nicht. Sie erschöpfen sich nicht im bescheidenen Realismus, sie sind zu Hause in der Freiheit, die er versprochen hat. Es kann sein, dass Sancho Panza die besseren Argumente hat. Aber jener Don Quijote hat die größeren Träume.

Er wird leben, auch wenn er stirbt

Johannes 11,1-27

Ich weiß – ehrlich gesagt! – mit der Geschichte von der Auferweckung des Lazarus nicht viel anzufangen. Dass einer, der vier Tage im Grab gelegen hat und der »schon stinkt«, wie es Luther drastisch übersetzt, wieder ins Leben gerufen wurde, glaube ich nicht. Außerdem ärgert es mich eher, dass da einer zum Zweck der Demonstration der Ehre Gottes von den Toten auferweckt wird. So geht man nicht mit Menschen um, nicht mit ihrer Trauer und nicht mit ihren Toten. Der menschlichste Zug dieser Geschichte ist, dass Jesus selber erschüttert war vom Tod des Freundes und weinte. Wäre es nur dabei geblieben! Aber wenn es dabei geblieben wäre, dann hätten wir in unserem Beerdigungsritual die Worte nicht, die er gesprochen hat: »Ich bin die Auferstehung und das Leben. Wer an mich glaubt, der wird leben, auch wenn er stirbt.« Wir haben diese Worte gesprochen am Sarg meiner Frau. Wir haben sie gesprochen bei der Beerdigung einer lieben Freundin vor einigen Wochen. Ich bewundere den Mut von Menschen, die sich in diese widersprüchlichen Worte stürzen und die damit ihre Toten nicht für verloren erklären. Ja, jeder, der halbwegs denken kann, wird uns auf den Widerspruch aufmerksam machen. Was soll das: Er wird leben, auch wenn er stirbt? Der kluge Kopf wird uns fragen: Lebt er nun, oder ist er gestorben? Beides zugleich geht nicht und kann man nicht denken. Ja, denken kann man nur dies: dass tot ist, wer gestorben ist. Mehr weiß die begründete Vernunft nicht zu sagen. Vielleicht hat sie noch einen kleinen Trost. Sie sagt, dass der Tod nicht so fürchterlich sei; dass alles seine Zeit habe; dass es zwar keine Auferstehung gäbe, aber dass alles Leben einginge in den allgemeinen Kreislauf der Natur und dass man da ganz gut aufgehoben sei. Über ihn kann ich nur mit Gottfried Keller spotten:

»Seinen (des liberalen Pfarrers) Schilderungen konnte dann die unvermählt gebliebene Greisin entnehmen, dass wir in unseren Kindern und Enkeln fortleben; der Arme im Geist getröstet sich der unsterblichen Fortwirkung seiner Gedanken und Werke.« Nein, die Hoffnung gibt sich nicht mit den aufzählbaren Argumenten zufrieden. Ich bewundere den Glauben, der nicht in den Fallen der Widersprüche erstickt; der sich nicht in die Gefangenschaft der Sagbarkeiten verstrickt; der die Toten von ihrem Tod rettet mit der Behauptung: Sie werden leben, auch wenn sie gestorben sind. Wir verstehen diese Sprache nicht, aber wir sprechen sie, aus Trotz und aus Liebe zu unseren Toten. Und es schert mich nicht, dass man uns Ungereimtheiten nachsagen kann. Dass die Toten leben werden, ist das Unmöglichste, was man sagen kann. Es ist die größte Ungereimtheit, die man sich denken kann. Aber man denkt sie ja auch nicht, man glaubt und betet sie. Ich bewundere die Kühnheit der großen Sprache und ihre »Gerechtigkeit, die solidarisch ist mit dem ungesühnten Leid vergangener Generationen.« (J. Habermas). Ich bewundere den Mut der Glaubenden, die niemanden verloren geben, nicht einmal die Toten. Noch mehr bewundere ich die Schönheit eines Gottes, der über die Schranken des Todes hinaus das Leben in seinem Schoße birgt. Wir wissen nicht genau, was wir mit dieser trotzigen Hoffnung sagen. Gott weiß es, das genügt.

Wir wollen dem Jesus aus der Lazarusgeschichte zu einer kleinen Horizonterweiterung verhelfen: Auch wer nicht das Glück hatte, an ihn zu glauben, »wird leben, auch wenn er stirbt«. Wir wollen den Trost für alle Toten. Weniger als alles wollen wir nicht.

Greifen und begreifen

Johannes 20,19-29

Der Thomas des Johannesevangeliums ist der Prototyp des Zweiflers. Einen ungläubigen Thomas nennen wir einen Menschen, der über seine Zweifel nicht hinwegkommt und der schwer von einer Sache zu überzeugen ist. Die Figur jenes Thomas ist mir nicht unsympathisch. Er ist gegen falsche Hoffnungen gefeit, und ihm bleiben viele Enttäuschungen erspart. Jener Thomas sagt: Ich begreife nur, was ich greifen kann. Ich glaube nur, wenn mein Glaube durch meine Sinne bewiesen wird; durch die Augen, die die Wundmale sehen; durch die Ohren, die die Stimme dessen hören, den man in den stummen Tod gesenkt hat; durch die Hände, die die verwundete Seite berühren. Jener zweifelnde Thomas hat nicht Unrecht. Die großen Lebensfähigkeiten des Menschen brauchen die Sinne. Der Trost braucht die Berührung durch die tröstende Hand. Die Liebe braucht den Kuss und die Tänze des Leibes. Nur der Glaube soll ohne die Sichtbarkeit und Greifbarkeiten auskommen? »Selig sind, die nicht sehen und doch glauben«, sagt Jesus dem Zweifler. Vielleicht sind seliger und glücklicher noch und können zumindest leichter glauben, die schon die Zeichen der Wahrheit ihres Glaubens erkennen.

Ich verstehe also die Sehnsucht jenes ungläubigen Thomas. Und doch finde ich diese Geschichte und ihre Bilder grob und ohne Poesie. »Reiche deine Hand her und lege sie in meine Seite!« Der Glaube jenes Thomas braucht wenig Kraft. Der Irrtum ist in Zukunft ausgeschlossen. Die Finger haben ja die Wunden berührt, und die Hand lag in Jesu Seite. Der Glaube wird zum handgreiflichen Wissen, und somit ist es kein Glaube mehr. Jeder Glaube jede Liebe, die sich in den Handgreiflichkeiten erschöpfen, verdienen ihren Namen nicht. Den Glauben muss man glauben, wie man auch die Liebe eines Menschen glauben muss. Wer sich auf die Liebe eines anderen nur einlassen will, insofern er handgreifliche Argumente für diese Liebe hat, der liebt nicht, und er kann sich nicht lieben lassen. Man vertraut sich der Liebe eines Menschen an; man wettet darauf, dass sie wahr ist, und man glaubt ihr nicht erst, wenn die Beweise geliefert sind. Es bleibt wahr: die Liebe lebt von den sichtbaren Zeichen der Nähe. Aber diese Zeichen sind keine Versicherungsinstrumente. Auch sie müssen als Liebe gedeutet werden, und sie ersetzen nicht das vorauseilende und wagemutige Vertrauen. Thomas will nicht vertrauen. Er will sehen, anfassen und damit der Mühe des Glaubens enthoben sein. Allerdings hätte er damit auch die Schönheit jenes Glaubens verloren.

Es gibt andere Ostergeschichten, in denen der Glaube nicht auf die Sinnlichkeit verzichten muss, aber in denen er sich nicht in diese verkrallt, etwa die Erscheinung Christi im Garten. Maria von Magdala *sieht* den Auferstandenen, und ihr Glaube muss die Erscheinung lesen lernen. Es könnte auch der Gärtner sein. Die Jünger und Jüngerinnen *sehen* am See Tiberias den Fremden am Ufer stehen, und sie müssen ihn als den Christus lesen lernen. Die zwei Jünger auf ihrem Weg nach Emmaus *sehen* den Fremden auf ihrem Weg; sie *sprechen* mit ihm. Aber sie erkennen ihn noch nicht, sie lesen ihn noch nicht als den Christus. Erst im dichteren Zeichen des gemeinsamen Mahles »wurden ihre Augen geöffnet«, und sie erkannten ihn. Aber dabei bleibt es nicht. »Und er verschwand vor ihnen«, so schließt die Geschichte. Das Entschwinden gehört zum Erkennen. Es ist keine Erkenntnis im Sinn einer endgültigen Versicherung und ein für alle Mal gewonnen. Es ist eine zarte Erkenntnis, wie Liebende sie machen, die sich erkennen; die einander vergewissert, aber einander nie versichert sind.

Die Auferstehungserzählungen sind wie Geschichten aus dem Morgengrauen und der Abenddämmerung. Die Figuren sind undeutlich und verwechselbar. Der Glaube dieser ersten Zeugen hat noch etwas zu tun: Sie sehen schon, gehen mit ihm den Weg. Dies allein genügt noch nicht. Es braucht die Lesekunst ihres Vertrauens. Und so erkennen sie: Es ist nicht irgendeiner oder irgendetwas; nicht eine Fata Morgana und kein Gespenst, es ist der Herr. Gott ist höflich. Er ersetzt den Glauben nicht durch donnernde Beweise. Er erbittet das Vertrauen und die Lesekunst der Menschen.

Was steht ihr da und seht zum Himmel?
Apostelgeschichte 1,1-11

Die Auferstehungsgeschichten sind gerade in ihrer Widersprüchlichkeit lebendig. Reale Erfahrungen von Menschen lassen sich nicht glätten zu eindeutigen Berichten. Sie verlieren ihre Leidenschaft und ihren Geist, wo sie zu Beschreibungen erstarren. Es ist bei den Erzählungen von der Auferstehung nicht so, dass der eine dies und die andere das erzählt und dass zwischen diesem Dies und Das kein Zusammenhang zu erkennen ist. Vielmehr erzählt die eine die umstürzende Erfahrung so und der andere so. Die Männer und Frauen, denen Christus begegnet ist, sind Zeugen, sie sind keine Reporter. Jeder Richter weiß, wie schlechte Reporter in Gerichtsverfahren die Augenzeugen großer Ereignisse sind.

Dieser Himmelfahrtsbericht dagegen ist keine leidenschaftliche Erzählung. Er klingt fast wie eine dramaturgische Verlegenheitslösung. Irgendwo muss der Auferstandene ja hin, wenn er schon nicht mehr sichtbar unter diesen frühen Christen weilt. So hat man, dem alten Weltbild entsprechend, die Geschichte erzählt, dass er aufgehoben wurde und eine Wolke ihn vor ihren Augen hinwegnahm. Die Evangelisten Matthäus und Johannes berichten nichts von einer Himmelfahrt. Neben der Apostelgeschichte wissen nur Markus und Lukas einen einzigen trocknen Satz dazu. Auch in der späteren Geschichte der Frömmigkeit hat das Himmelfahrtsfest eine nicht sehr große emotionale Bedeutung. Es gibt nur wenige Lieder zu Himmelfahrt, und auch Bräuche, wie wir sie um das Weihnachts- oder Osterfest finden, gibt es bei diesem Fest kaum.

Warum sage ich das? Mein Interesse, eine religiöse Behauptung oder eine Vorstellung als »unhistorisch« zu entlarven, ist gering. Es gibt aufklärerische Spitzfindigkeiten, die mich langweilen und die zu den billigen Klugheiten gehören. Sich darauf zu beschränken, etwas als nicht historisch zu erklären, ist so bescheiden, wie sich darauf zu versteifen, dass die Wahrheit eines Satzes mit seiner historischen Richtigkeit steht und fällt. Historische Korrektheit hat mit der inneren Wahrheit einer großen Erzählung wenig zu tun. Historische Ungenauigkeit nimmt ihr die Wahrheit nicht. Aber es gibt propädeutische Selbstverständlichkeiten, bei denen man sich zwar nicht besonders aufhalten soll, aber die man denken können muss, damit der Glaube selber nicht mit falschen Fragen belastet wird. Nicht nur Theologen und Theologinnen sollte geläufig sein, dass Historie nicht mit der Wahrheit zu verwechseln ist. Unsere Gemeinden sollen in ihrem Glauben so gebildet sein, dass es sie nicht verstört, wenn sie auf historische Ungereimtheiten stoßen. Sie haben das Recht darauf, unterrichtet zu sein über die Voraussetzungen ihres Glaubens, und ein Sonderwissen für Theologen darf es nicht geben. Denken zu dürfen, gehört zur Freiheit, zu der Christus uns befreit hat. Auch ein sogenannter Glaubenssatz kann zu einem Götzen werden, wenn er angebetet werden muss und erhaben ist über jede Befragung. Wir glauben an Gott, wir glauben nicht an eine Glaubensäußerung.

Würde ich also darüber predigen, dass diese Himmelfahrtsgeschichte vermutlich nicht historisch ist? Nein! Das wäre eine Unterrichtung und noch keine Predigt. Es wäre eine Steinpredigt und keine Brotpredigt. Predigtthemen gibt es in diesem Text genug, z. B. was heißt Zeugen Christi sein, wovon der Text spricht? Was heißt »Was seht ihr da zum Himmel?«, wovor die Engel warnen. Was ist die Kraft des Geistes, die Christus verspricht? Man darf die großen Fragen nicht mit den kleinen vertreiben.

Alle, die gläubig geworden waren, blieben beieinander

Apostelgeschichte 2,41-47

Der Bericht in der Apostelgeschichte über das Leben der ersten Christen ist ein in die Vergangenheit verlegter Zukunftstraum. So war es wohl nie, dass die Mitglieder jener frühen Christengruppe Hab und Gut verkauft und den Erlös untereinander geteilt haben; dass in Mengen Wunder und Zeichen durch die Apostel geschehen sind; dass an einem Tag sich gleich 3000 Menschen haben taufen lassen. Vielleicht 50 Jahre nach dem Pfingstereignis hat der Autor jenes Berichtes die erste Zeit der jungen Kirche beschrieben. Er hat ihn geschrieben in einer Zeit, als die Gemeinden schon ihre graue Alltäglichkeit hatten; als es Streit und Zank unter ihnen gab; als es Reiche und Arme unter ihnen gab und als die Reichen keineswegs geneigt waren, ihre Habe auszuteilen, »je nachdem es einer nötig hatte«. Der Autor jenes Berichts seufzt nach einer Vergangenheit, die es wohl nie gegeben hat. Er seufzt nach einer Kirche, in der Liebe und Gerechtigkeit herrschen; in der man in der Lehre einig ist und in der man »Wohlgefallen beim ganzen Volk« gefunden hat. Die Geschichte ist nicht erzählt, weil es so war, sondern weil es so sein soll. Die Erinnerung sagt »Es war einmal«, weil es einmal so sein soll und sein wird. Der geglückte Anfang verspricht das glückende Ende, so wie die Bauern bei ihren Aufständen gesungen haben: »Als Adam grub und Eva spann, wo war denn da der Edelmann?« Sie haben mit dem guten Anfang das gute Ende behauptet.

Wie der Autor der Apostelgeschichte leben auch wir nicht in jener Zeit der ersten und reinen Kirche. Wir leben nicht mehr in der Zeit, in der die Gläubigen »beieinander« waren; beieinander im Gebet, in der Freude, im Brotbrechen und im geteilten Hab und Gut. Aber wir haben eine alte Erinnerung – wie auch immer sie historisch fundiert ist! – und wir haben damit einen alten Traum: So soll es sein, so soll es wenigstens werden unter uns. Der alte Traum stört unsere Selbstverständlichkeit. Mit ihm ist es nicht mehr einleuchtend, dass wir sind, wie wir sind mit unseren Streiten, mit unserem nicht geteilten Brot und dem nicht geteilten Hab und Gut. Diese Geschichte ist wie die Unruh einer Uhr. Sie treibt unsere Lebensuhr weiter und sagt uns, dass die Zeit des Gelingens noch aussteht und wir noch nicht in dem Land sind, in dem man wirklich wohnen kann. Die Würde eines Menschen und einer Gruppe besteht auch darin, dass sie Geschichten wissen von einem Land, das noch nicht das hiesige ist. Wer sie kennt, ist sich selbst nicht mehr geläufig. Menschen macht nicht nur schön, was sie jetzt schon haben und können. Es macht sie auch die Sehnsucht schön, die sie aus der Gegenwart vertreibt, die noch nicht erlaubt, dass man »beieinander« ist. Die Kirche ist auch deshalb ein wundervoller Ort, weil sie immer Leichen im Keller hat, die sie nicht schlafen lassen. Sie hat diese alten Erzählungen, die sie beunruhigen. Sie hat die großen Figuren in ihrer Geschichte – Franz von Assisi oder Elisabeth von Thüringen oder Dietrich Bonhoeffer, die dem Land schon nahe gekommen sind, das für alle bewohnbar ist. Es gibt selten einen Raum wie den der Kirche, in dem Trost und Unruhe so nahe beieinander wohnen. Die Kirche ist der Raum des Trostes Christi, und sie ist der Raum, in dem man die Schmerzen nicht verdrängt, weil wir noch nicht die sind, die wir sein sollen, und noch nicht da sind, wohin wir gehören. Der Trost ohne die große Sehnsucht ist billig, die ungetröstete Sehnsucht verzweifelt.

Bekehrung
Apostelgeschichte 9,1-20

Paulus war nie ein Vertreter von schwächlichen Ideen. Er war ein Täter in seinem alten Leben, er wird ein Täter im neuen. Als Stephanus gesteinigt wurde, war er dabei. Er bewachte die Kleider der Steiniger und »hatte Gefallen an seinem Tod«. Ideen werden nur stark, wenn es nicht nur geglaubte Ideen sind, sondern wenn sie getan werden – dies im Guten wie im Bösen. Wie entkommt ein Mensch seinen alten falschen Auffassungen? Meistens nur durch eine Katastrophe. Die Katastrophe ist hier geschildert: Der Sturz auf die Erde und die Blindheit, die Paulus erleidet. Bekehrungen sind oft katastrophische Lebenswenden und vollziehen sich in großen Brüchen. Die Bekehrung des Paulus wird als Wunder geschildert. Nicht weniger als ein Wunder ist es, wenn jemand seiner alten Welt, seinen eingeschliffenen festen Überzeugungen und seiner alten Lebenspraxis entkommt. Gerade die Überzeugten haben lange Argumente gesammelt für ihre Lebenspraxis. Die Überzeugung hat sie getragen, sie haben für sie gekämpft und vielleicht auch für sie gelitten. Es war eine Sache ihres Herzens. Dann zerbricht das Herz, Menschen lassen zu, dass ihr Herz zerbricht – ein Wunder! Sie werden blind für die alte Welt und werden sehend in der neuen. Das ist die Gefahr aller Konvertiten, dass sie nur noch blind sind und keine Augen mehr haben für ihre eigene Herkunft; die Gefahr ist, dass sie verbrennen, was sie einst angebetet haben, und dass ihre neue Identität hauptsächlich aus der Ablehnung der alten besteht. Paulus bleibt Jude, das ist der erwachsene Zug seiner Bekehrung. Er schätzt seine Herkunft, er schätzt das Gesetz. Er interpretiert es nur anders. Beschneidung und die Reinheitsgesetze sind ihm keine Heilswege mehr. Das hat er gelernt. Paulus bekommt einen neuen Namen. Er heißt nicht mehr Saulus. Nur ein

Buchstabe in seinem Namen ist verändert. Zum Glück! Es wird nicht alles ausgetauscht, und sein Judentum wird ihm nicht genommen.

Eine Eigenart aller Bekehrten: Sie fangen an, von dem zu reden, was ihnen neu wichtig geworden ist. Paulus wird Apostel, indem er redet. Er fährt unter Gefahren von Land zu Land, und niemand kann ihm den Mund verbieten. Er leidet für seinen neuen Glauben. Kostenlose Überzeugungen gibt es nicht. Diese bleiben nur fest, wenn sie verbunden bleiben mit der Bereitschaft, etwas für sie einzusetzen, vielleicht sogar das Leben. Überzeugte paulinischer Art sind keine Kompromissler. Zum Glück gibt es auch andere Figuren in jener frühen Geschichte des Christentums; Menschen, die Kompromisse eingehen. Petrus ist ein solcher. Er versucht stärker als Paulus den Kompromiss und die Anknüpfung an die alte Weltvorstellung. Er versteht die Menschen jüdischer Herkunft besser, und er kommt ihnen entgegen. Auch Petrus, jener Mensch der Kompromisse und deretwegen von Paulus getadelt, vertritt eine notwendige Wahrheit. Es wäre unerträglich in einer Kirche, wenn es nur die paulinische Kompromisslosigkeit gäbe. Es wäre ein Unglück, wenn es nur die petrinischen Kompromisse gäbe. Wir haben im Galaterbrief die guten Argumente des Paulus für seine unerbittliche Haltung. Ich würde gerne einen Petrusbrief haben, in dem er seine Wahrheit mit seinen guten Argumenten verteidigt. Aber wir haben ihn nicht, und so scheint immer nur Paulus recht zu behalten. Wir haben aber die Erzählungen ihrer Streite, und uns ist damit ein Instrument überliefert, wie die Wahrheit in unseren Kirchen zu ermitteln ist.

Die Auferstehung von den Toten
Apostelgeschichte 17,22-28

Der Bedarf an Göttern ist groß in Athen, besonders wenn
sie neu sind und aus dem Ausland kommen. Religion ist
offensichtlich ein beliebtes und gesellschaftlich akzeptier-
tes Thema bei den Philosophen und bei Herrn Jedermann.
Man schämt sich ihrer nicht. Religiöse Fragen sind immer
angenehm, solange sie al dente sind und bleiben. Da es
den STERN und den SPIEGEL noch nicht gibt, nehmen die
Athener Paulus mit auf die öffentliche Bühne jener Zeit
und jenes Ortes, auf den Areopag. Sie sagen: »Du bringst
etwas Neues vor unsere Ohren. Nun wollen wir gerne wissen, was das ist.« Mit liberalem (und leicht antiklerikalem)
Wohlwollen hören sie auf die allgemeine Gotteslehre des
Paulus: Gott ist der Herr des Himmels und der Erde, er
wohnt nicht in Tempeln, die von Menschenhand gemacht
sind. Er ist der Schöpfer des Menschengeschlechts – wer
hätte das damals bestritten! Auch das paulinische »In ihm
leben, weben und sind wir. Wir sind ja seines Geschlechts«
ärgert die Athener nicht. Ihr Dichter hat es ihnen schon gesagt, und es entspricht ihrem esoterischen Gemüt. Dann
aber wird Paulus für ihren Verstand zu grob und zu historisch. Er spricht von jenem Mann aus Nazareth, dem kleinen Ort aus einem von den Römern unterworfenen Land;
von seinem Tod am Galgen vor den Toren Jerusalems. Er
spricht vom starken Finger Gottes, der ihn nicht im Tod gelassen hat. Das sind zu viele genaue Daten für ihre Ohren.
Über das Allgemeine kann man sich verständigen, das kostet wenig. Aber dann diese peinlichen Konkretionen! Da
spotten sie und sagen: »Wir wollen dich darüber ein an-
dermal weiter hören.« Wer könnte es nicht verstehen! Es ist
ja das schwerste Stück des Glaubens, dass die Bergung des
Lebens in dieser Weise an eine Person, an einen Ort und
an ein historisches Ereignis gebunden ist. Es ist das Ärger-

nis des christlichen Glaubens, dass Gott sich an das Fleisch gebunden hat; das Fleisch eines Menschen, eines Datums, eines Menschenschicksals.

Könnte es sein, dass es im Christentum selbst eine neue Flucht ins Allgemeine gibt? So scheint es mir, wenn ich zu Weihnachten theologische Artikel lese und Predigten höre, die sich darin erschöpfen, die Geburtlichkeit des Lebens zu feiern, und wenn Ostern zum Frühlingsfest wird, an dem die naturhafte Erneuerung des Lebens begangen wird. Was wird aus dem Christentum, wenn es nicht mehr ist als eine Lebensphilosophie, der alle Areopagiten zustimmen können? Die Kirchen haben einmal gesündigt, indem sie die christologischen Sätze von der Inkarnation, vom Kreuz, von der Auferstehung den Menschen als Nüsse vorwarfen, die sie ungeknackt verschlingen sollten. Man sollte sie einfach für wahr halten. Ihr menschheitlicher Gehalt durfte nicht entschlüsselt werden. Mit den Areopagiten sollte man sich darüber nicht verständigen. Die Gefahr heute könnte werden, dass uns die Nüsse abhanden kommen und damit ihr gutes Fleisch. Noch singen wir die Lieder, die ein Datum haben. Noch singen wir »Zu Bethlehem geboren« und »Erstanden ist der heilig Christ«. Und es ist viel, dass wir sie singen, wenigstens singen. Vielleicht lernen wir auch einmal wieder das einfache, das ärgerliche und das kaum zu sprechende Bekenntnis: Geboren, gelitten, gekreuzigt, gestorben und begraben, auferstanden von den Toten. Die Wahrheit ist konkret – dies gilt auch hier.

Stellt euch nicht dieser Welt gleich!

Römer 12,1-3

Wir sind, wie Meister Eckhart sagt, »nicht zu Kleinem geschaffen«. Alle Aufforderungen, Gebote, Verbote und Ermahnungen der Bibel arbeiten an der Größe und Freiheit des Menschen; wo sie dies nicht tun, sind sie unerheblich. Auch die Ermahnung oder besser die Ermunterung, mit der das 12. Kapitel des Römerbriefes beginnt, hat die Würde des Menschen im Auge. Zu dieser Würde gehört die Fähigkeit, sich zu ändern und sich zu erneuern. Sich »der Welt gleichstellen«, heißt, in fataler Kontinuität bei sich selber zu bleiben und sich fortzusetzen bis zur Selbstverholzung. Alle Würdezumutungen rechnen mit der Notwendigkeit, sich zu unterbrechen. »Ein zerschlagenes Herz wirst du, Gott, nicht verachten«, heißt es im 50. Psalm. Das »zerschlagene Herz« ist das Herz des Menschen, der den Bruch mit sich selber gewagt hat. Das »neue Herz« und der »neue Geist« sollen das Herz aus Stein ersetzen, verspricht der Prophet Hesekiel (36, 26). Welche Schönheit und welche Zumutung: Ein Mensch wird aus »dieser (seiner) Welt« weggelockt. Er folgt dem Lockruf und versteift sich nicht auf seine alte und verkommene Identität; auf seine bisherigen Ansichten und Lebensentwürfe und wird neu. Er bleibt sich selber nicht Mittelpunkt, er denkt neu und er handelt neu. Die »Erneuerung des Sinnes« ist eine große Lebensleistung. »Was, meinst du, ändert sich leichter, ein Stein oder deine Ansicht darüber?«, fragt Brecht. Man handelt nur neu, wenn man gelernt hat, neu zu sinnen und neu zu denken. Es gibt eine falsche Selbsttreue derer, die Fortsetzung und Kontinuität als das einzige Mittel kennen, am Leben zu bleiben.

Ich war kürzlich an einem Morgen auf einem großen Bahnhof und sah dort Stöße von Holzteilen aufgestapelt. Ich wusste nicht, wozu sie dienen könnten. Am Abend war ich wieder in diesem Bahnhof, und die Holzteile waren in Windeseile zu vielen völlig gleichen Holzhütten aufgebaut. Keine Hütte hatte eine eigene Handschrift und ein eigenes Gesicht. Sie waren vorfabriziert. So geht es Menschen und Institutionen manchmal. Sie denken in vorfabrizierten Gedanken, und diese Gedanken lassen die Handschrift des Lebens nicht mehr erkennen, sie spiegeln kein Leben wider. Sie sind zu mächtigen, aber toten Gedanken geworden, die ins Nichts gebaut sind und in denen Gottes Wille unkenntlich geworden ist. Das Denken ist zum eigenen Gefängnis geworden und oft genug zum Gefängnis der Menschen, mit denen wir leben. Jede »Erneuerung des Sinnes«, jedes Neu-denken-Lernen ist ein Wagnis und ein Schritt ins Offene und noch nicht Gekonnte. Im alten morschen Denkgebäude war man vor dem Gröbsten geschützt, und man weiß ja nicht, wohin der neue Geist führt. Die Angst flüstert uns zu, sich ins alte schlechte Haus zu kauern und sich tot zu stellen. Gelegentlich lernt man, durch Katastrophen und Untergänge neu zu denken, wie unser Volk durch Krieg und Vernichtung einiges gelernt hat. Aber wie lernt man es vor der Katastrophe und zur Vermeidung der Untergänge? Man muss wohl an Gott glauben, wenn man den Schritt ins Freie wagen soll; an den Gott, der durch die Brüche hindurch unser Herz hält. Unsere Kontinuität liegt nicht bei uns selbst, bei den immer schon gedachten Gedanken und den immer schon gegangenen Wegen. Sie liegt bei dem, der uns über die Abgründe hinweg hält.

Am Ende noch einmal Bert Brecht mit einer Keuner-Geschichte:

»Ein Mann, der Herrn K. lange nicht gesehen hatte, begrüßte ihn mit den Worten: ›Sie haben sich gar nicht verändert.‹

›Oh!‹ sagte Herr K. und erbleichte.«

Liturgie des Lebens
Römer 12,4-16

Aus den langen theologischen Teilen des Römerbriefs entwirft Paulus im 12. Kapitel eine Liturgie des Lebens, eine Liturgie der Vernunft, wie er sie im ersten Vers des Kapitels nennt. Es ist eine Gegenliturgie gegen die Geläufigkeiten jener alten imperialen Welt, gegen die herzlos-»vernünftige« Liturgie des Todes, der Ausbeutung, der ungerechten Steuer, der Versklavung, die dort selbstverständlich ist. »Stellt euch dieser Welt nicht gleich!« – so eröffnet er seine Gegenliturgie. Und dann beschreibt er die Gesetze seiner Liturgie: die Einigkeit der Gemeinde, die Gastfreundschaft, ihre Barmherzigkeit, ihr lauterer Sinn, ihr Brennen im Geist, die Fröhlichkeit ihrer Hoffnung, ihre Geduld in der Trübsal, der Verzicht auf Hass und Rache, die ungefälschte Liebe. Ich frage mich, wie die paulinischen Gemeinden mit einem solchen Konzept leben konnten. Leben wir als Kirche diese vernünftige Lebensliturgie? Die erwartete Antwort ist das zerknirschte Nein. Aber es fällt mir nicht ein, mich mit dieser Antwort zu begnügen. Wir sind für unsere Hoffnung verantwortlich, und darum müssen wir wahrnehmen lernen, wo es Anfänge der Liturgie der Vernunft in dieser Kirche gibt. Man muss sich widersprüchlich machen: nichts verschweigen vom eigenen Versagen und sehen lernen, wo der Geist bei uns schon angefangen hat zu zündeln.

Ich schaue mir diese Kirche an und sehe ihren ökumenischen Blick. Ich sehe die Missionswerke mit ihrer politischen Aufmerksamkeit. Nein, sie stellen sich der Welt nicht gleich. Sie gehen nicht nach Honduras oder Guatemala, um dort in den Maquiladoras, den Weltmarktfabriken, Frauen für drei Dollar 13 Stunden am Tag arbeiten zu lassen. Sie arbeiten für die Rechte jener Frauen.

Ich schaue mir die Werke dieser Kirchen an und sehe, dass die Kirche ein Auge hat für die Niederlagen der Menschen: für die, die von einer Sucht überfallen sind; für die, die mit seelischen Konflikten leben; für die, die kein Dach über dem Kopf und kein Brot zu essen haben; für die Alten, die Beschädigten, die Dementen.

Ich schaue mir diese Kirche an und sehe Gruppen, die dem allgemeinen Konsens widersprechen. Ich sehe Kirchen, die Flüchtlingen Asyl gewähren und Gesetzen und Maßnahmen widersprechen, die sie in die Gefängnisse und in den Tod schicken. Ich habe das heiter-anarchische Bild vor Augen, wie die Benediktinerinnen aus der Abtei Dinklage sich auf die Straße setzen und denen die Zufahrt blockieren, die die Flüchtlinge aus ihrer Kirche holen wollen.

Ich schaue mir diese Kirche an und sehe, wie sich Menschen auf Kirchentagen und in den Gottesdiensten am Sonntag um ein altes Buch scharen und den Willen Gottes zu erkennen versuchen. Sie entkommen ihrer eigenen Beliebigkeit und glauben daran, dass die Welt lesbar ist. Sie glauben daran, dass etwas geschrieben steht und dass sie sich nicht darin erschöpfen müssen, sich selber zu zitieren.

Wieso kommen wir so selten darauf, zu sehen, was in dieser Kirche und unter uns schon grünt und blüht und brennt? Wieso können wir das eigene Gelingen nicht schätzen? Wieso sind wir so verliebt in unsere eigene Nichtigkeit? Haben wir noch lange Zeit für die Lust an der eigenen Sündigkeit? Gewiss, der andere Blick auf die Kirche ist leichter; der Blick, mit dem wir erkennen, dass wir zu wenig tun und dass wir ganz andere Liturgien singen als die vernünftige, die Paulus seinen Gemeinden vorschlägt. Keiner soll diese Kirche schöner reden, als sie ist. Aber niemand soll auch die Spuren des Geistes übersehen, die schon zu finden sind. Wir finden schön, was wir lieben. Lieben wir die Kirche zu wenig, um sie schön zu finden? Wir sind für unseren Lebensmut verantwortlich. Er wächst, wo wir die Schönheit würdigen, die schon aufgeblüht ist.

Schafft mit Furcht und Zittern!
Philipper 2,12-13

Haben wir es nicht hinter uns gelassen, die Furcht und das Zittern vor Gott und um unser Heil? Sind wir nicht endlich alle Endgerichts- und Höllenängste losgeworden? Singen wir nicht neue Lieder, in denen nichts mehr von Furcht und Zittern steht und nichts mehr davon, dass das Heil verloren gehen kann? Da kommt die alte Tante Bibel, zieht uns wieder zurück und erinnert an die alten Worte, denen wir den Stachel schon gezogen haben: Furcht und Zittern! Die Kraft der Bibel ist ihre Widerborstigkeit. Sie stört uns in unseren Selbstverständlichkeiten, sie erinnert uns an alte Wahrheiten. Ob es uns passt oder nicht, sie erinnert uns daran, dass man sich heillos verlieren kann. Was aber ist die Wahrheit jener Aufforderung aus dem Philipperbrief: »Schaffet, dass ihr selig werdet, mit Furcht und Zittern«? Einen Menschen erkennt man daran, was er fürchtet und wovor er zittert. Es gibt ein Zittern und eine Furcht, die des Menschen nicht würdig sind. Wer nur um kleine Seligkeiten fürchtet und zittert, der ist ein zu bescheidener Mensch. Wer nur um sein Ansehen, seinen Einfluss und sein Einkommen zittert, der ist gebannt in die kleinen Seligkeiten. Ich sage das mit Vorsicht. Denn wie berechtigt ist die Furcht, dass man verliert, was vorschnell kleine oder weltliche Seligkeit genannt wird: dass man Brot hat, dass man Arbeit und Frieden hat und dass man Menschen hat, mit denen man das Brot teilen kann. Dies sind keine kleinen Seligkeiten. Es sind die großen Seligkeiten der armen Leute. Und manchmal sind die Armen zu arm, um sich um die andere, große Seligkeit zu kümmern.

Was ist denn diese große Seligkeit? Ich sage es mit einer alten Verschlüsselung: die Seligkeit, im Angesicht und im Willen Gottes zu leben. Es ist ein großes Wort. Man kann große Worte banalisieren, indem man sie kleinmünzt. Ich versuche es trotzdem. Im Angesicht Gottes leben, das heißt, sich auf mehr verlassen als auf sich selber und sich nicht selbst zum Ziel haben. Es heißt, lieben, was er liebt: Die Erde, das Wasser, die Bäume, die Menschen und ihre Zukunft. Es heißt zittern um die Zukunft des Lebens. Man bleibt jung, wenn man um mehr besorgt ist als um sich selbst. Man bleibt jung, wenn man sich davor fürchtet, das Ziel des eigenen Lebens zu verfehlen. Man kann die eigene Existenz verspielen. Und welche Tragödie, wenn dies geschieht; wenn man sich verspielt in zu kleinen Wünschen und Lebensabsichten; wenn man Gott vergisst. Die Alten haben dies Hölle genannt. Nein, ich habe keine Furcht vor irgendeiner unauslöschlich brennenden Hölle, die sich kranke Geister gelegentlich ausgemalt haben. Wohl habe ich Furcht vor dem Gericht Gottes, in dem er mir zeigt, wie klein meine Wünsche sind und wie ich die große Furcht vergessen habe. Es ist eine der Menschenschönheiten, würdig und unbescheiden zu sein in seinen Wünschen und Lebensabsichten. Es ist eine der Menschenschönheiten, Gott zu suchen und Gottes zu bedürfen. Das Wort Seligkeit ist uns in seiner tiefen Bedeutung abhanden gekommen. Es klingt blass, es verlockt nicht mehr, es hat seine Erotik verloren. Gemeint ist die ganze Fülle des Lebens und des Glücks. Der große Trost: Alle Gottsuche beginnen wir als schon Heimgeholte. So formulierte es Dorothee Sölle in einem Vortrag am Vorabend ihres Todes: »Wir beginnen den Weg zum Glück nicht als Suchende, sondern als schon Gefundene.« Das ist die köstliche Formulierung dessen, was wir Gnade nennen.

Singt Gott, dankbar in euren Herzen!

Kolosser 3,16

»Euer Leben ist verborgen mit Christus in Gott«, sagt Paulus am Anfang des dritten Kapitels im Kolosserbrief. Und weiter sagt er: »Einmal wird die Herrlichkeit dieses verborgenen Lebens offenbar werden.« Es gibt schon Stellen, wo sich das Inkognito lüftet und wo ein Vorschein des Glanzes sichtbar wird. Es geschieht im Erbarmen, in der Vergebung, in der Freundlichkeit und Sanftheit des »neuen Menschen«. Dann geschieht es im Danken und im Singen der jungen Gemeinden: »Mit Psalmen, Lobgesängen und geistlichen Liedern singt Gott dankbar in euren Herzen.«

Wir sind nicht Produkte unserer selbst, wir haben uns nicht selbst erschaffen, wir müssen uns nicht selbst verehren und lieben, wir verdanken uns. Die Sucht, sich selber zu genügen und Meister seiner selbst zu sein, Zwang und Verbissenheit sind böse Geschwister, wie Dank, Freiheit und Heiterkeit gute Geschwister sind. Danken ist nicht ganz leicht, weil man den Grund des Dankens nicht immer und manchmal gar nicht am Leben selber ablesen kann. Danken ist eine Form des Glaubens. Im Dank liest man die Welt besser, als sie ist. Man liest die Schönheit in sie hinein. Im Dank liest man sich selber besser, als man ist. Man liest sich mit den Augen Gottes, der uns schon gemeint und geborgen hat im Schicksal jenes Christus. Das Danken zu lernen, ist wichtiger als jede Moral. Die Moralen müssen eine Herkunft haben, sonst halten sie sich nicht lange. Ihre beste Mutter ist der Dank. Wer dankt, schlägt nicht. Wer dankt, benutzt nicht. Wer dankt, zerstört nicht.

Manchmal geht der Dank langsam, und er kommt in der Sprache daher, die schon alle kennen und sprechen. Das aber ist nicht seine eigentliche Sprache. Die Muttersprache des Dankes sind die Lieder und ist die Musik. Der Dank tanzt, und darum kommt er mit der gewöhnlichen Sprache nicht aus. Im Lied umtanzt er die Güte, die ihn geboren hat. Die Lieder gehen mit unserem Herzen durch, wie manchmal ein junges Kalb mit dem Hirtenbuben durchgeht. In den Liedern kann unser Mund oft viel mehr, als unser Herz schon kann. Und manchmal schleifen die Lieder das müde Herz hinter sich her, bis es wieder auf den eigenen Beinen stehen kann. Die Lieder und die Musik sind die Vorspiele des ewigen Lebens, so hat es Augustinus gesagt. Wer hat je eine Predigt ein Vorspiel des ewigen Lebens genannt? Wer hat je den Religions- oder Konfirmandenunterricht praeludia vitae aeternae genannt? Und so halte ich denn die Musik und die Lieder für wichtiger als alle Predigten und Lehren. David hat Saul nicht durch Unterweisungen oder therapeutische Ratschläge von seinem Wahnsinn geheilt, sondern mit seinem Saitenspiel. Ich ärgere mich, wenn von Liedern nur die eine oder andere Strophe gesungen wird. Es ist falsch, wenn der musikalische Beginn des Gottesdienstes als Orgelvorspiel bezeichnet wird. Es ist ein Vorspiel des ewigen Lebens, aber nicht das Vorspiel zum Gottesdienst. Die Kirchen sollen sehen, was sie tun, wenn sie im Rahmen des nötigen Sparens die Kirchenmusik kürzen. Dies sollte man gerade am Sonntag Kantate bedenken.

Nein, notwendig und nützlich sind die Lieder und ist die Musik auf den ersten Blick nicht. Vielleicht ist überhaupt das Schönste, was wir im Leben haben, nicht unter die Kategorien der Nützlichkeit zu verrechnen. Die Küsse, die wir tauschen, sind nicht notwendig. Die Gedichte, die wir lesen, sind nicht nützlich, und wenn sie nützlich sind, sind es keine guten Gedichte. Die Blumen, die ich einer geliebten Frau schenke, sind nicht unter Nützlichkeitsgesichtspunkten zu verrechnen. Es sind pure unnütze und unentbehrliche Schönheiten. Es ist Zeit, dass die Kirche in einer Welt des Profitierens und Funktionierens für die nutzlosen Schönheiten eintritt, sie sind am meisten gefährdet.

Jesus Christus,
der auferstanden ist von den Toten
2 Timotheus 2,8-13

Es gibt sagbare Wahrheiten, und es gibt unsägliche Wahrheiten. Sagbar sind meist die Wahrheiten, die etwas mit Moral zu tun haben. Man kann sagen, dass man niemandem zum Opfer machen soll. Man kann verstehen, dass das eigene Leben geschändet wird, wo man das Leben von anderen schändet. Darum bleiben Predigende so gern bei den sagbar-moralischen Sätzen. Darum fällt mir selber das Predigen an Ostern schwer, weil es da wie an keiner anderen Stelle um die unsägliche Wahrheit geht. Schwer sagbar ist der Satz: »Christus ist von den Toten auferstanden.« Schwer sagbar ist der geheimnisvolle Satz: »Sterben wir mit, so werden wir mit leben.« Sie klingen hölzern im Timotheusbrief, sie klingen wie Überschriften, auf deren einsichtige Auslegung man wartet. Wir retten uns für die Erklärung des Ostergeheimnisses manchmal in hilflose Vergleiche, die wir den Bildern der Natur entnehmen: Wie die Blüten nach der Erstarrung des Winters wieder aufleben; wie die Bäume nach eisigen Zeiten wieder grün werden, so kehrt das Leben nach dem Tod wieder. Ostern ist zwar ein Fest im Frühling, aber es ist kein Frühlingsfest. Es ist nicht »natürlich«, dass der Tod nicht das letzte Wort hat über jenen am Kreuz Geschundenen und Ermordeten. Es liegt nicht in der Natur der Sache, dass unser eigenes Leben mit seinen vielen Toden geborgen ist im Schicksal jenes Gottesknechts, den Gott aus dem Tod genommen hat. Ersichtlich ist der Tod. Nicht einsichtig ist die Behauptung der jungen christlichen Gemeinde, dass dem Tod in Christi Schicksal der Stachel gezogen ist. Nicht einsichtig ist, dass unser eigenes Leben hineingesenkt ist in den Tod und die Auferweckung Christi. In die tiefsten Wahrheiten muss man sich kopfüber stürzen, auch wenn vieles gegen sie spricht. Es sind Gegenbehauptungen gegen die tägliche Erfahrung eines schwer erträglichen Lebens, jedenfalls für viele oder die meisten ist es schwer erträglich. Das Geheimnis des Glaubens ist wie ein schwarzes tiefes Wasser, in das man springt, ohne dass man genügend schwimmen kann. Die Kirche ist nicht nur ein Hort der Moral, das ist sie hoffentlich auch! Sie ist der Hort jenes unsäglichen Geheimnisses. Ja, man kann es kaum allein glauben, man muss es mit anderen tun, und man kann nur mit anderen beten und singen: »O Tod, wo ist dein Stachel nun? Wo ist dein Sieg, o Hölle?« Allein bist du klein – auch mit deinen Glaubensversuchen.

Der Osterglaube ist auch Arbeit. Es glaubt sich nicht von allein. Man sieht es an den Osterliedern, die oft mit einer Glaubensaufforderung beginnen: »Wach auf, mein Herz, die Nacht ist hin!«, heißt es, oder: »Wir wollen alle fröhlich sein!« Paul Gerhardt ermuntert das Herz: »Auf, auf, mein Herz, mit Freuden nimm wahr, was heut geschieht!« Wie man eine müde Kuh auftreibt, ruft er dem kläglichen Herzen zu: »Auf, auf!« Mach dich an die Glaubensarbeit und richte dich nicht ein in der traurig-süßen Ersichtlichkeit eines verlorenen Lebens. Die Lieder treiben uns in das Geheimnis. Und wie man im Singen besser wandert, so machen uns die Osterlieder Glaubensbeine. Ja, vielleicht könnte ich auf die Osterpredigt verzichten, nie aber auf die Osterlieder. So hält man die Auferstehung Christi im Gedächtnis – nicht in einer theologischen Lehre, nicht durch eine kluge Erklärung, sondern im Gebet und in dessen höchster Form: im Gesang. Die Lieder bewahren uns am besten davor, in den klugen Sagbarkeiten zu ersticken.

Wer in der Liebe bleibt, der bleibt in Gott

1. Johannes 4,16-21

»Dissolve« bedeutet in der Filmtechnik die Überlagerung zweier filmischer Bilder. Ein Bild schiebt sich in ein zweites hinein. Zwei Bilder habe ich, die sich ineinander verschieben und die einander erklären. Das eine Bild: dieser Text aus dem ersten Johannesbrief, der davon erzählt, dass Gott die Liebe ist; dass in Gott bleibt, wer in der Liebe bleibt; dass der Gott nicht lieben kann, der seine Geschwister nicht liebt. Mein zweites Bild, das sich in das erste hineinliest: Oscar Romero, der Armenbischof von El Salvador, der vor 30 Jahren während einer Messe erschossen wurde, weil er sich für die unterdrückte Bevölkerung in El Salvador einsetzte. Ich schreibe diesen Text am Tag seiner Ermordung, und so lesen sich die beiden Bilder ineinander, der Johannesbrief und die Figur Romeros. Ich lerne den Bibeltext zu lesen mit der Erinnerung an Romero. Ich lerne mich und meine Kirche zu lesen mit dem Bibeltext und mit dem Lebenstext Oscar Romeros. Eine Predigt Romeros wird zum Kommentar des Johannesbriefes: »Meine Schwestern und Brüder, es ist durchaus keine Ehre für die Kirche, mit den Mächtigen auf gutem Fuß zu stehen. Die Ehre der Kirche besteht darin, dass sich die Armen in ihr heimisch fühlen, wenn sie ihre Sendung auf Erden erfüllt, indem sie alle, auch die Reichen, aufruft, sich zu bekehren und ihr Heil zu wirken, und zwar von der Welt der Armen aus. Denn die Armen allein sind die Seliggepriesenen.« Man kann Gott nicht an den Armen vorbei lieben, lese ich bei Johannes. Romero interpretiert mir den Satz: »Die Herrlichkeit Gottes ist das Leben der Armen.« Er variiert hier einen Satz von Irenäus: »Die Herrlichkeit Gottes ist der lebendige Mensch.« Außerhalb der Kirche gibt es kein Heil, haben wir einmal vermessen gesagt. Der Johannesbrief lehrt uns eine andere Wahrheit: »Außerhalb der Armen kein

Heil!« Aber nicht nur der Johannesbrief sagt es. Es ist auch die Wahrheit, die wir im 25. Kapitel des Matthäusevangeliums finden.

Und meine Kirche? Nein, ich sage nicht: meine Kirchenleitungen. So leicht kann es sich keiner machen, alle Erwartungen an die Kirchenleitungen zu delegieren. Was ist wichtig in den Presbyterien, Gemeinden und Synoden? Ist die Armut in unserer Gesellschaft und in der Welt dort ebenso oft Thema wie Spiritualität? Hört man das Weinen der hungrigen Kinder durch unsere Theologien? Sucht diese Kirche Gott, wo er zu finden ist? Gibt sie Gott die Ehre, indem sie die Armen ehrt? Wir sind eine bürgerliche Kirche. Ich sage dies skeptisch und hoffnungsvoll. Es gibt auch die Kraft des Bürgertums, über sich selbst hinaus zu denken. Es gibt auch die Großzügigkeit der Bürger, deren Existenz nicht unmittelbar gefährdet ist. Man muss sich dieser Kirche schämen und braucht sich nicht nur zu schämen. Es gibt wohl keine andere Einrichtung, in der der Gedanke so langfristig und tief eingenistet ist, dass jene Gott nicht lieben können, die ihre Geschwister nicht lieben. Welche Wirklichkeit er findet, ist eine andere Frage.

Im Zentrum der Fassade der Westminster Abbey in London steht die Statue des katholischen Bischofs Oscar Romero zwischen denen des baptistischen Pfarrers Martin Luther King und des evangelischen Theologen Dietrich Bonhoeffer. Welch ökumenisches Zeichen! Eine Nebenfrage: Wäre es wohl erlaubt, dass diese konfessionsverschiedenen Menschen zusammen das Abendmahl nähmen? Die drei Heiligen belächeln die Absurdität dieser Frage.

Er zog aus und wusste nicht, wo er hinkäme
Hebräer 11,8-10

Im elften Kapitel des Hebräerbriefes wird eine Reihe von Menschen aufgezählt, die einen Ruf hörten, eine Vision hatten oder von einem Traum weggelockt wurden aus ihren alten Lebenshäusern. Sie hielten es in den Städten ihrer Geburt nicht aus. Sie warteten »auf die Stadt, die einen festen Grund hat, deren Baumeister und Schöpfer Gott ist«. Henoch, Noah, Abraham, Isaak, Jakob und Joseph werden aufgezählt; Sara und sogar die Hure Rahab gehören dazu. Sie alle gehörten zu denen, die mit einer Besitzstandswahrung nicht zufrieden waren und die eine Idee von einer anderen Stadt hatten als der gegenwärtigen. Kaum jemand von ihnen ist ans Ziel gekommen. Abraham blieb ein »Fremdling in dem verheißenen Land«. Jakob und Joseph starben fremd im Land. Mose hat das Land von ferne gesehen, erreicht hat er es nicht. Sie alle hätten das Lied aus den Bauernkriegen singen können: »Geschlagen ziehen wir nach Haus, unsere Enkel fechten's besser aus.«

Ich denke bei diesem Text aus dem Hebräerbrief an unsere Kirchen und an die Aufbrüche, die ihnen zugemutet sind. Welchen Ruf hören sie? Welche Träume haben sie, und werden sie ihnen folgen, auch wenn sie noch nicht wissen, wo sie hinkommen? Eines ist sicher: An den alten Stätten ihrer Geburt können sie nicht bleiben. Vielleicht kann man leichter aufbrechen, wenn man die Illusionen über diese Geburtshäuser aufgibt. Vielleicht erträgt man die Mühen des Weges leichter, wenn man wahrnimmt, dass die alten Häuser den Geist Christi viel weniger geborgen haben, als wir annehmen. Was haben die stählerne Pracht des Petersdoms in Rom und die berühmte Kaufmannskirche in Hamburg mit dem Geist Christi zu tun?

Was hat das sogenannte christliche Abendland mit der merkwürdigen Mischung aus Geist und Verrat, aus Frömmigkeit und Machtgelüsten mit dem armen Mann Gottes aus Nazareth zu tun? Nein, jenes Abendland war weniger christlich, als wir ihm unterstellen. Darum ist es ein Glück und der Anfang einer neuen Freiheit, dass wir nie mehr Kirchen bauen können, wie wir sie gebaut haben; dass wir von den Mächtigen des Landes nie mehr hochgeachtet werden, wie wir geachtet wurden, und dass die Kirchen ihre alte Selbstverständlichkeit verloren haben. Jede Träne, die man jener Welt nachweint, jedes Schielen zurück ist Verrat am Erbe, das noch vor uns liegt. Jeder Auszug bedeutet Schmerz und Verlust, besonders wenn man noch nicht weiß, wohin man kommt. Aber es gibt Verluste, die einen reicher machen, und es gibt Schmerzen, die Geburtsschmerzen sind. Wir wissen noch nicht, wie weit wir kommen mit den Aufbrüchen im Gehorsam des Glaubens. Warum sollten ausgerechnet wir bis ins »verheißene Land« kommen? Es sind fast alle auf der Strecke geblieben, von denen der Hebräerbrief erzählt. Aber sie sind dem Land näher gekommen und jener Stadt, »deren Baumeister und Schöpfer Gott ist«. Das genügt! Je mehr Menschen überzeugt sind von jener anderen Stadt und je faszinierter sie von ihrer Vision sind, umso ungerührter werden sie die Totenstädte verlassen. »Gott hat etwas Besseres für uns vorgesehen«, heißt es im letzten Vers jenes Kapitels. Also können wir auf die eigene Mutlosigkeit spotten. Es wird uns schon nicht ergehen, wie der Hebräerbrief von einigen der Vaterlandsverächter sagt: »Sie sind gesteinigt, zersägt, durchs Schwert getötet worden. Sie sind umhergezogen in Schafspelzen und Ziegenfellen.« Noch ist die Welt freundlich zu uns, gelegentlich zu freundlich!

Der Verkläger ist verworfen
Offenbarung 12,7-12

Luther hat vom Jakobusbrief gesagt: »Mit dem Jeckel werde ich den Ofen heizen.« Eine »stroherne Epistel« hat er ihn genannt. Die Offenbarung des Johannes könnte man eine »gefährliche Epistel« nennen. Zu viele haben damit Gott in die Karten geschaut. Es fließt zu viel Blut, es gibt zu viele Niederlagen und zu viele Siege. Es gibt aber wundervolle Stellen und Bilder in ihr, die mich zögern lassen, damit den Ofen zu heizen. Eine davon ist der Halbvers, den ich im zwölften Kapitel finde: »Der Verkläger unserer Geschwister ist verworfen, der sie verklagte Tag und Nacht vor unserem Gott.« Ich reiße ihn aus seinem blutigen Zusammenhang. Den Vers finde ich wieder in dem Pfingstlied »Nun bitten wir den heiligen Geist«. In der letzten Strophe heißt eine Bitte: »...dass in uns die Sinne nicht verzagen, wenn der Feind wird das Leben verklagen.« Der Mensch mit seinen »Sinnen«, mit der Mitte seines Herzens steht vor Gericht. Nichts mehr ist verborgen. Eine alte Freundin hat kurz vor ihrem Tod gesagt: »Am schwersten ist mir der Gedanke, dass der Grund meines Herzens vor dem Gericht Gottes offenbar wird.« Das Gericht ist ein öffentlicher Raum, in dem nichts mehr versteckt werden kann. Der Feind ist der Ankläger, der unerbittliche und unbestechliche Staatsanwalt, der unsere Lebensfrüchte untersucht und befragt, was sie taugen. Er ist der Anwalt einer eisernen Wahrheit, die heißt: Es ist zu wenig! Je älter man wird, umso mehr wird man sein eigener Ankläger, und man stellt fest: Die Bruchstücke des eigenen Lebens reichen nicht aus zur Selbstverteidigung. Ich meine damit nicht einen allgemeinen und abstrakten Satz, etwa der Art, dass der Mensch immer schon Sünder ist. An abstrakte Sätze glaube ich nicht, und seien sie noch so theologisch. Ich meine es eher konkret: Es gibt immer wieder Stellen im Leben und vor allem am Ende des Lebens, wo man auf sich selbst stößt und erkennt: Es reicht nicht, und man kann sich nicht durch sich selbst rechtfertigen. Mehr als Fragmente haben wir nicht fertiggebracht. Wenn wir gewogen werden, werden wir als zu leicht befunden. Wir sind nicht in uns selbst geborgen, und vor dem großen Verkläger werden wir verstummen.

Es gibt vor Gericht eine andere Figur, den Advokaten, den Rechtsbeistand, den Tröster, den Geist Christi, der den Verkläger überwunden hat »durch des Lammes Blut«, wie es im elften Vers dieses Kapitels aus der Offenbarung heißt. Nein, ich glaube an keine Sühnetheologie. Aber es ist ein wundervolles Bild, dass vor diesem Gericht einer mit seinem Herzblut für uns steht und dass der so mächtig redende Verkläger vor ihm verstummen muss.

Das Kapitel aus der Offenbarung ist der Text für Michaelis. Michael ist in den bildlichen Darstellungen der große Seelenwäger. Da steht er mit seiner unerbittlichen Waage und taxiert das Gewicht der guten Taten und des Versagens des Menschen. Ich traue ihm nicht. Er bilanziert zu genau, und er ist zu sehr auf der Seite des Anklägers. Den Typen mit der Waage ist man immer erbarmungslos ausgeliefert. Gelegentlich aber finden wir bei solchen Darstellungen einen Engel als Gewichtefälscher, der von der Schale des niederdrückenden Gewichts etwas nimmt und es trickreich auf die positive Seite schmuggelt. Zu unserem Glück gibt es diese himmlischen Gewichtefälscher. Michael, der große Überwinder, ist überwindbar. Und am Ende muss auch er, wie es in der Sterbeliturgie heißt, die Toten »in das ewige Licht« führen, das Abraham und seinen Nachkommen verheißen ist.

Der Bogen der Hoffnung

Genesis 9,8-17

Bibelarbeit auf dem ökumenischen Kirchentag in München

Meinen Bogen habe ich in die Wolken gesetzt; der soll sein Zeichen des Bundes zwischen mir und der Erde. Wenn es kommt, dass ich Wetterwolken über die Erde führe, soll man meinen Bogen sehen in den Wolken. Dann will ich an meinen Bund denken zwischen mir und euch und allem lebendigen Getier unter allem Fleisch, dass hinfort keine Sintflut mehr komme, die alles Fleisch verdirbt. (9,13-15)

Keiner versteht die Bibel, der sie zeitlos liest. Keiner versteht die Bibel, der sie interessenlos liest. In welcher Zeit hören wir das Bundesversprechen Gottes: »Ich richte meinen Bund so mit euch auf, dass hinfort nicht mehr alles Fleisch verderbt werden soll durch die Wasser der Sintflut und hinfort keine Sintflut mehr kommen soll, die die Erde verderbe.« Gott hat sich eine Erinnerungsstütze gegeben, den Regenbogen: »Darum soll mein Bogen in den Wolken sein, dass ich ihn ansehe und gedenke an den ewigen Bund zwischen Gott und allem lebendigen Getier unter allem Fleisch, das auf Erden ist.« In welcher Zeit lesen wir vom Versprechen Gottes, dessen Zeichen der große Bogen ist? 280 000 Menschen wurden am 26.12.2004 bei dem großen Tsunami vom Meer verschlungen. Am 12.1.2009 kamen 212 000 auf Haiti bei dem großen Beben um. Am 27.2. desselben Jahres hat es Chile getroffen. Es gibt so viele von Menschen verschuldete Unglücke. Diese gehören nicht dazu. Hat Gott seinen Bogen vergessen? Gott macht einem den Glauben nicht leicht. Er macht einem die Hoffnung schwer. Wir leiden an Gott, dessen Engel versprochen sind und die doch so weit entfernt sind, wenn wir in den Strudel der Untergänge geraten. Der Regenbogen erinnert uns daran, was Gott uns schuldig ist. Wir Theologen sind ja oft die beruflichen Gottesverteidiger, und wir sagen, dass Gott uns auf höhere Weise erhört und auf andere Weise rettet, als wir es sehen und wünschen. Die Menschen, die auf Sumatra von den Wellen verschlungen wurden und die in Haiti unter ihren Häuser begraben wurden, wollten nicht auf höhere Weise erhört und gerettet werden. Sie wollten atmen können, und sie sind erstickt. Sie wollten leben, und sie sind ertrunken, und ihre Leiber wurden von den Fischen gefressen. Mein Gott, erinnere dich an deinen Bund! Sieh deinen Regenbogen an und vergiss ihn nicht! Je älter man wird, umso mehr hört man auf, die Welt zu erklären. Auch unser Glaube erklärt sie nicht. Es gibt die großen und unüberbrückbaren Widersprüche zwischen den Versprechungen Gottes und dem Zustand dieser Welt. Nur eine ewig gültige Theologie, die absieht vom Zustand dieser Welt, kann alles erklären. Diese reine Theologie, die die himmelschreienden Leiden der Menschheit vergisst, wäre allerdings zugleich ein Alptraum. Es gibt ausreichend Gründe dafür, an der Güte des Lebens zu zweifeln. Wenn wir Christen von Hoffnung sprechen, darf man uns nicht vorwerfen können, wir seien Leute, die nicht so genau hinschauen; Naivlinge, die nur noch nicht gemerkt haben, was alles gegen den Regenbogen spricht. Vielleicht wird unsere Sprache reiner, glaubhafter und hörbarer, wenn sie nicht einfach über das Leben gleitet, sondern sich reibt an allem, was ihr entgegensteht. Hoffnung lernen, heißt auch Illusionen verlernen, auch die Illusionen über Gott. Ich lerne an der Regenbogengeschichte kaum, wer Gott ist. Aber ich lerne an ihr und an den großen Untergängen die alte Frage der Psalmen: Wo bleibst du, Gott? Wann kommst du? Denn diese Frage geben wir nicht auf trotz aller Untergänge: Wann kommst du? Und damit geben wir den letzten Grund des Glaubens nicht auf: Gott kommt. Er wird das Leben nicht in der Vernichtung lassen. Ich sage es – mit schwerer Zunge – angesichts der Menschen, die dort ertrunken sind und zermalmt wurden. Ich sage es gegen alle Gefahren, die uns und unsere Kinder bedrohen: Einmal wird er alles in allem sein, und einmal werden alle Tränen getrocknet. Man kann niemanden Opfer sein lassen, darum fragen wir Gott: Wann kommst du? Darum drängen wir ihn, endlich Gott zu sein. An Gott glauben, heißt auch, an Gott leiden; leiden an seiner Dunkelheit und an seiner Unverstehbarkeit. Gott zu vermissen, gehört zu unserem erwachsenen Gottesglauben.

Da sah Gott auf die Erde, und siehe, sie war verderbt: Denn alles Fleisch hatte seinen Weg verdorben auf Erden. Das Ende allen Fleisches ist bei mir beschlossen, denn die Erde ist voll von Frevel. (6,12-13)

Dies ist ein Satz, den Gott vor dem Bundesschluss gesprochen hatte, als er sich gerade anschickte, die große Flut kommen zu lassen. Aber sind wir nicht jenseits jenes Zeitpunkts und jenseits der Drohung und der Vernichtungsabsicht Gottes? Ich glaube nicht, dass die eine Geschichte die andere aufhebt. Die eine Wahrheit hebt die andere nicht auf, jede hat ihre Zeit. Das Bundesversprechen ist keine Garantie dafür, dass die Erde bewohnbar bleibt. Zu einem Bund gehören zwei. Wir haben Gott an sein Bundesversprechen erinnert. Ich erinnere uns an das Versprechen. Wir können die Erde neu verderben, dass sie aus dem Bund Gottes fallen kann. Das Versprechen Gottes ist kein Blankoscheck für unsere Existenz. Der Bund gibt uns etwas zu tun, es gibt uns auf, etwas zu lassen. Er gibt uns nicht nur etwas zu glauben. Ich habe Gott gefragt, wie er es mit dem Bund hält. Ich frage uns, wie wir es mit dem Bund halten. Was also machen wir mit der Erde, was mit den Flüssen, was mit der Atemluft unserer Kinder?

Ich bin 1933 geboren. Waren die Menschen glücklicher, als wir es heute sind? Ich weiß es nicht. Wir haben viel an Freiheit gewonnen und an Trost verloren. Eines haben die Menschen in jener alten Welt nicht denken können: dass die Welt mit ihren Lebensmöglichkeiten für die Menschen als ganze auf dem Spiel steht. Man hat denken können und man hat es erlebt, dass große Sturmfluten kommen. Aber man hat nicht gedacht, dass Dreiviertel der Niederlande untergehen könnten durch das klimabedingte Steigen der Meere. Man hat erlebt, dass die Sommer zu trocken und die Ernte gefährdet waren. Aber man hat nicht erlebt und denken können, dass das Wasser so knapp wird, dass einmal Kriege um das Wasser geführt werden, wie sie uns drohen. Man hat nicht denken können, dass ganze Kontinente versteppen könnten. Es waren große, aber begrenzte Ängste, von denen Menschen damals geplagt wurden. Sie wurden nicht geplagt von der Grundangst, die Erde könnte als ganze unbewohnbar werden. Die Menschen hatten große Fragen, aber sie glaubten, dass sie lösbar seien. Dieser Glaube hat inzwischen große Risse. Als Gott sein Urteil über die verderbte Welt gefällt hat, hat es nicht geregnet. Man hat dem Himmel das drohende Unglück nicht angesehen. Als Noah seine Arche baute, war keine Untergangsgefahr sichtbar. Die Menschen haben gegessen und getrunken, getanzt und gelacht und übersehen, was drohte. Wie kam es zu jener verblendeten Heutigkeit? Das Unglück wirft seinen Schatten voraus, und niemand spürt seine Kälte. Das Unglück ist offenkundig, und niemand bemerkt es. Die Hoffnung ist nur dann keine Illusion, wenn wir ins Auge fassen, was ihr widerspricht. Es gibt nicht nur die Häresie die Hoffnungslosigkeit. Es gibt auch die Häresie der verschwiegenen Themen; die Feigheit, dem möglichen Unglück nicht ins Auge zu sehen. Die Kirche ist nicht nur Anwältin der Hoffnung. Sie hat auch die prophetische Aufgabe, gegen die Gefahr der fatalen Selbstverständlichkeit das Erschrecken zu lehren vor den Gefahren, die handgreiflich sind und an denen wir unsere Schuld tragen.

Ich möchte zwei Arten von Schuld unterscheiden: Die eine ist, gegen sein Gewissen zu handeln, die andere: kein

Gewissen zu haben. Im normalen Sprachgebrauch meinen wir die erste, wenn wir von Schuld reden. Wir setzen ein freies Subjekt voraus, das fähig ist, Recht und Unrecht zu erkennen und nach der eigenen Erkenntnis für oder gegen sie zu handeln. Diese Souveränität des Gewissen haben wir vorausgesetzt, als meine Generation die Väter und Mütter gefragt hat Wo wart ihr während der Nazizeit? Warum seid ihr mitgelaufen, und warum habt ihr keinen Widerstand geleistet? Im selben Begriff von Schuld haben sie geantwortet: Wir haben nichts gewusst. In einem gewissen Sinn hatten sie recht. Aber warum haben sie nichts gewusst und nichts gesehen? Wie kam es, dass ihnen das Wissen und das Gewissen abhanden kamen? Wie funktioniert eine Selbstblendung? Es war doch alles ersichtlich. Unter ihren Augen wurde ein ganzes Volk unsichtbar gemacht, bis schließlich niemand mehr da war. Gerade darum wussten sie nichts davon, weil das Verbrechen so allgegenwärtig war, so geläufig und so selbstverständlich. »Unsichtbar macht sich die Dummheit, indem sie große Ausmaße annimmt«, sagt Brecht. Die Gewöhnung machte das Unrecht geläufig. Was immer so war, was täglich geschieht, was alle tun und glauben, das legitimiert sich dadurch, dass alle es tun und dass es immer so war. Die Gewöhnung raubt Wissen und Gewissen. Die biblischen Traditionen nennen dies Verblendung: das Unrecht tun und nicht wissen, dass es Unrecht ist; in der Korruption gefangen sein und sie für natürlich halten.

Die Geläufigkeit des Unrechts und die verblendeten Interessen hindern das Wissen oder schwächen es so, dass es einem Nichtwissen gleichkommt. So entsteht die merkwürdige Situation des Verbrechens, das fast keine Subjekte hat; der Schuld, ohne dass sich jemand schuldig fühlt, und der Tat ohne Täter. Ich sage das nicht, um die Damaligen und uns heute zu entschuldigen. Ich beschwöre nicht ein allgemeines Fatum, das uns blind geschlagen hat wie die Götter Ödipus, so dass er seinen Vater erschlug und seine Mutter heiratete. Ich beschwöre also keine Tragik, sondern frage nach der Schuld, die darin besteht, kein Gewissen zu haben.

Ich soll über die Hoffnung reden, und scheine nicht über die Hoffnungslosigkeit hinauszukommen. Dabei komme ich mir vor wie ein kluger Kollege, der über Sexualität reden sollte und seinen Vortrag so begann: »Meine Damen und Herren, ehe wir über Sexualität reden, muss ich über die Impotenz reden.« Also nicht wieder zurück hinter die Verheißung Gottes! Wir hören sie noch einmal, und mit dieser Geschichte im Ohr wollen wir über unseren Anteil an der Bundestreue nachdenken.

Darum soll mein Bogen in den Wolken sein, dass ich ihn ansehe und denke an den ewigen Bund zwischen Gott und allem lebendigen Getier unter allem Fleisch, das auf Erden ist. Und Gott sagte zu Noah: »Das sei das Zeichen des Bundes, den ich aufgerichtet habe zwischen mir und allem Fleisch auf Erden.« (9,10-11)

Der Bund schenkt uns nicht nur Hoffnung, er verpflichtet uns zur Hoffnung. Wie aber lernt man hoffen? Im Augenblick wird die Frage nach der Hoffnung an vielen Orten gestellt. Sie irritiert mich, denn sie wird oft lamentös und vor allem Handeln gestellt. Erst will man in der Aussicht versichert sein, dass alles gut geht, allenfalls dann wird man handeln und seinen Teil zum guten Ausgang beitragen. Vielleicht sollten wir die Frage nach dem guten Ausgang vergessen, denn sie ist nicht beantwortbar. Vielleicht war die Geschichte mit dem Regenbogen nach der Sintflut doch anders gemeint. Es waren wohl nicht der einfache Fortbestand der Welt gemeint, der Fortschritt und die Garantie des guten Ausgangs. Vielleicht heißt Hoffnung gar nicht der Glaube an den guten Ausgang der Welt und an die Vermeidung ihrer Zerstörung. Vielleicht werden unsere Enkelkinder einmal die Endzeitschrecken erleben, von denen einige ja schon wahr geworden sind. Gott scheint uns also nicht einfach zu behüten ohne unser eigenes Zutun. Es garantiert uns keiner, dass das Leben auf der Erde in absehbarer Zeit nicht kollabiert, auch kein Regenbogen. Aber wir können tun, als hofften wir. Hoffen lernt man auch dadurch, dass man handelt, als sei Rettung möglich.

Zu handeln, als gäbe es einen guten Ausgang, sind wir einmal uns selber schuldig. Man entwürdigt sich und spricht sich selber Subjektivität ab, wenn man die Dinge zu ihrem Unglück treiben lässt. Luthers Satz vom Apfelbäumchen, das er pflanzen wollte noch angesichts des Weltuntergangs, heißt nicht, dass er den Blick auf die untergehende Welt verweigert. Es ist kein verblendeter Optimismus. Er ehrt sich selber, indem er sich als Handelnden begreift; als einen Menschen, der die Fähigkeit und den Auftrag hat, das Leben zu schützen. Nicht allein der Erfolg rechtfertigt, was ein Mensch tut. Es gibt Handlungen, die in sich selber gerechtfertigt sind. Die Liebe und die Gerechtigkeit heilen und heiligen den Menschen; nicht erst der Erfolg, den die Liebe und die Gerechtigkeit vorzuweisen haben.

Sich um die Gewissheit des guten Ausgangs nicht zu kümmern und zu tun, als sei es schon sicher, dass unserer Arbeit Erfolg beschert ist, sind wir auch unseren Nachkommen schuldig. Es ist nicht ausgemacht, dass unsere Mühe vergeblich ist. Es ist nicht ausgemacht, dass alle Rettungswege verschlossen sind. Auf die Predigt Jonas von der bevorstehenden Vernichtung Ninives befiehlt der König Umkehr und Trauer, und er sagt: »Wer weiß! Vielleicht lässt sich's Gott gereuen und lässt von seinem Zorn, dass wir nicht untergehen.« Wer die Welt und das Leben der eigenen Nachkommen liebt, wird »Wer weiß!« sagen. Er wird, wenn schon nicht in seiner ausdrücklichen Hoffnung, so doch in seinem praktischen Handeln damit rechnen, dass das Leben, die Freiheit, die gerechte Verteilung der Güter und der Schutz der außermenschlichen Natur gelingen können. Hoffnung ist nicht hauptsächlich eine Sache theoretischer Einsicht oder Erwartung. Es ist eine Qualität des Handelns. Wer Kinder und Enkelkinder hat, die er liebt, der wird an ihrer menschlichen Zukunft nicht nur bauen, weil diese Arbeit Erfolg hat, sondern weil er seine Kinder liebt. Gott schenkt uns mit dem Trank der Hoffnung nicht nur etwas zu trinken – um einen Satz Ernst Blochs abzuwandeln –, sondern auch etwas zu kochen. Ich sage es mit Baptist Metz: »Unser bürgerliches Christentum krankt an einem süßen Gift, am süßen Gift des nur geglaubten Glaubens, einer nur geglaubten Praxis der Nachfolge, einer nur geglaubten Liebe und Umkehr.« Der Glaube und die Hoffnung verdorren, wo sie nur Sachverhalte unserer Innerlichkeit sind und wo sie nicht Praxis werden.

Ekelhafte Schänder der Erwartungen der Menschen sind die, die sich auf die leidensfreie Kunst der Entlarvung aller Hoffnung spezialisiert haben. Es gibt sie von rechts bis links. Gewisse christliche Sekten mit ihren Untergangsphantasien sind mir in dieser Hinsicht genau so verdächtig wie kluge Intellektuelle, die allen Versuchen der Hoffnung nachweisen, dass sie vergeblich und zum Scheitern verurteilt sind. Es gibt eine artifizielle und verspielte Hoffnungslosigkeit, die man eher bei denen antrifft, denen es schon ganz gut geht. Ich erinnere mich an eine Schulklasse, die eine Aktion zur Einsparung von Abfall geplant und durchgeführt hatte. Das Unternehmen hatte einiges Aufsehen erregt. Ein Journalist sprach mit den Schülern und wies ihnen nach, wie wenig mit ihrer Arbeit gewonnen sei. Es war, als könnte er nicht dulden, dass Menschen ein Stück Hoffnung haben und sie darstellen in ihrer Arbeit. Die Kinder, die besorgt waren wegen der Erstickung des Lebens im Müll, haben ja nicht im Ernst geglaubt, sie könnten mit dieser Aktion das Problem lösen. Aber sie haben etwas Notwendiges getan, was sie sich selbst schuldig waren: Sie haben nicht tatenlos zugesehen. Selbst wenn dies keine Lösung ist, ehrt es die Kinder und ihre Arbeit, und es unterbricht die Geläufigkeit des Satzes: Man kann ja nichts machen. Das, was die Kinder getan haben, ist ein Ausdruck ihrer Hoffnung, und es hat zugleich ihre Hoffnung ernährt. Ich sammle solche Geschichten gerne, denn sie sind Vorzeichen des Gelingens. Die Hoffnung kann lesen. Sie liest in kleine Zeichen wie in die der Schulklasse das ganze Gelingen hinein. Sie stellt nicht nur fest, was ist. Sie ist eine wundervolle untreue Buchhalterin, die die Bilanzen fälscht und einen guten Ausgang des Lebens behauptet, wo dieser noch nicht abzusehen ist. Die Hoffnung gibt sich nicht geschlagen. Sie ist vielleicht die Stärkste der Tugenden, weil in ihr die Liebe wohnt, die nichts aufgibt, und der Glaube, der den Tag schon in die Nacht sieht.

Vielleicht muss der zynisch werden, der viel weiß, aber aus der Rolle des Betrachters nicht herauskommt. Die Welt und der Lauf der Dinge leuchten dem nicht ein, der nur Zuschauer ist. Einem Hungernden zu essen zu geben, einen Kranken zu waschen, ein Kind zu trösten, vor einem Giftgaslager die Straßen zu blockieren, gegen die Zerstörung des Klimas zu arbeiten, das hat seinen Sinn in sich selbst. An dieser Arbeit nagt der Zweifel weniger als an der Seele des reinen Zuschauers. Gegen den Tod zu kämpfen, schließt Lebenszweifel aus, zumindest raubt es ihnen Kraft. Es ist merkwürdig, dass in den Texten von Martin Luther King, der gegen den Rassismus in seiner Gesellschaft kämpfte; in den Texten von Helder Camara, der gegen die Armut in seinem Land arbeitete, die Frage nicht auftaucht, ob diese Arbeit sinnvoll sei. Die Arbeit selbst, die sie getan haben, hat ihnen die Sucht, den Erfolg garantiert zu sehen, ausgetrieben.

Ich höre noch einmal auf das alte Versprechen:

Gott sprach zu Noah: Siehe, ich richte mit euch einen Bund auf [...] und mit allem lebendigen Getier bei euch, an Vö-

geln, an Vieh und an allen Tieren des Feldes, von allem,
was aus der Arche gegangen ist, was für Tiere es sind auf
Erden. [...] Darum soll mein Bogen in den Wolken sein,
dass ich ihn ansehe und denke an den ewigen Bund zwi-
schen Gott und allem lebendigen Getier unter allem
Fleisch, das auf Erden ist. (9,9.16)

Die Rettung aller Lebewesen, nicht nur der Menschen, ist
als die neue Schöpfung geschildert. Wie zu den Menschen
ist zu den Tieren gesagt: Seid fruchtbar und mehret euch.
Wie die Menschen stehen in der Schöpfungsgeschichte die
Tiere unter dem Segen Gottes. Wie für die Menschen gilt
für die Tiere der neue Segen und der Bund nach der großen Flut: *»Ich richte mit euch einen Bund und mit allem le-*
bendigen Getier bei euch, an Vögeln, an Vieh und an allen
Tieren des Feldes.« Zwar wird das Fleischessen erlaubt im
neuen Bund. Aber mit dem Segen und dem Bund Gottes
sind die Tiere nicht in die völlige Verfügungsgewalt des
Menschen gegeben.

In der kleinen Stadt Gänserndorf in der Nähe von Wien
leben Schimpansen. Sie waren medizinische Versuchsskla-
ven der Firma »Immuno«. Die Firma »Immuno« – ihr Name
sei noch einmal genannt – hat die Schimpansen über viele Jahre einzeln in enge Käfige mit Gitterböden gesperrt.
So lese ich in der Süddeutschen Zeitung: »Die Affen er-
reichte kein Sonnenstrahl, kein Regentropfen fiel auf ihr
Fell. Sie lebten in der Hölle, eingerichtet von ihren Ver-
wandten, den Menschen, mit denen sie 98,7 % der Gene
teilen. Sie sind nicht nur Tiere, sondern sie sind Primaten
wie wir, haben ein Selbstbewusstsein, erkennen sich im
Spiegel, sind äußerst lernfähig, erleben Freude und Trauer.
[…] Dann besuchen wir sie im Zoo und lachen. Weil der
gebildete Mensch es schwer erträgt, den Wilden ins sich zu
akzeptieren.« Noch schwerer ertragen wir es, dass noch
andere Wesen gesegnet sind und im Bund Gottes stehen
als wir selber.

»Niemals tut man so vollständig und so gut das Böse, als wenn man es mit gutem Gewissen tut.« (Pascal) Was alles haben wir den Tieren mit gutem Gewissen angetan? Wir verweigern ihnen die natürlichsten Rechte; züchten sie gegen ihre eigene Natur, wie wir sie brauchen; vernichten sie, damit wir uns mit ihren Fellen schmücken. Das alles geschieht fraglos, jedenfalls bisher! Welche heillose Arroganz des Menschen, zu glauben, das Wesen der Schöpfung sei, Beute des Menschen zu sein! Je weniger er an Gott glaubt, desto mehr maßt er sich selber das Recht der Omnipotenz an; das Recht, Sieger, Jäger, Erleger, Vernichter und Benutzer allen nicht-menschlichen Lebens zu sein. Auf Dauer zerstören die Sieger sich selber, wenn sie nicht anderes kennen als Sieger und zu Besiegende; Benutzer und Benutzbares. Wir bringen uns um die Geschwisterlichkeit des Lebens; um den Trost der Natur, wenn wir ihr keinen anderen Sinn zuschreiben, als zu unserer Verfügung zu sein. Vor einigen Jahren hat man wegen der Gefahr des Rinderwahns Hunderttausende von Rindern vernichtet. Wir erschrecken vor dem Grauen unserer eigenen Macht. Vielleicht lernen wir aus diesem Schrecken, dass die Tiere nicht nur Verfügungsmaterial sind. Die Menschheit lernt langsam, manchmal nur durch Katastrophen. Vielleicht lehrt uns die gegenwärtige Katastrophe, was wir Tieren nicht antun dürfen. Vielleicht zerstört sie endgültig unser »gutes Gewissen« und unsere moralische Blindheit. Die Menschheit lernt langsam. Sehr langsam hat sie gelernt, dass auch die Menschen sind, die nicht zum eigenen Clan gehören; dass die Männer die Frauen nicht wie Dinge behandeln dürfen; dass Menschen anderer Hautfarben nicht minderwertig sind und gekauft und verkauft werden dürfen. Die Beutemacher und Benutzer haben sich gegen die neuen Lehren, dass der Fremde nicht der Feind sein muss; dass die Frau nicht Beute des Mannes und die Schwarzen nicht Beute der Weißen sind, immer auf eine sogenannte Natur berufen. »Von Natur aus« sind die

Schwarzen und die Frauen anders! Meistens ist denen zu misstrauen, deren Argument »die Natur« ist. Vielleicht lernen wir jetzt sehen, wie unsere Interessen uns das »gute Gewissen« verschafft haben. Vielleicht finden wir Gesetze gegen die pure Vernichtung der Schöpfung, und vielleicht finden wir Gesten und eine Sprache des Glaubens, die für die Tiere eintritt.

Immer wieder gibt es Streit um die sogenannten Tiergottesdienste. Gibt es ein theologisches Argument für Gottesdienste für die Tiere und für ihre Segnung? Diese Frage stammt noch aus der alten Zeit, in der der Mensch allen Segen, alle Wichtigkeit und den Blick Gottes für sich allein beanspruchte. Sie stammt noch aus der Zeit der Beutemacher. Eigentlich müssen die sich rechtfertigen, die den Tieren den Segen und den Spruch Gottes verweigern. Mein Argument für die Segnung ist einfach: Ich sehe, wie die Tiere leiden; wie sie ihren Tod wittern; wie die Schweine gehalten werden, dass sie zusammenbrechen, wenn sie aus ihren engen Ställen in den offenen Pferch kommen. Das Leiden der Tiere rechtfertigt den Segen. Mir sind alle theologischen Argumente gegen eine solche Segnung vollkommen gleichgültig angesichts des großen Unglücks der Tiere. Ich frage nicht: Haben die Tiere Bewusstsein und eine Seele? Sind sie dem Menschen ähnlich oder verschieden von ihm? Vermutlich sind sie uns ja viel ähnlicher, als wir bisher angenommen haben. Die grundsätzliche Verschiedenheit, die »andere Natur« haben wir behauptet, damit wir sie behandeln und benutzen können. Die Tiere sind gequält, und sie leiden. Das ist Grund genug, über ihnen den Namen Gottes anzurufen.

Im Katholizismus hat es Tiersegnungen immer gegeben. Tiere sind nicht Menschen, aber sie sind auch keine Dinge. Sie sind Wesen, die Schmerzen und Freude empfinden können; die spielen und die Angst vor dem Tode haben; die Treue und Zuneigung kennen und einander sogar trösten können. Vollkommene Menschenähnlichkeit sehen wir vor allem in der Selbstbewusstheit eines Wesens. Aber was heißt Bewusstheit schon gegen die Angst, die ein Wesen empfinden kann, und gegen die Treue, die es entwickelt! Warum eigentlich wollen wir als Menschenwesen so einzigartig sein? Warum fühlen wir uns bedroht, wenn Wesen uns ähnlich sind? Wir sind endlich. Das zu wissen, ist eher eine Erleichterung als unsere Einengung. Wir sind endlich, wir müssen nicht alles sein. Gott allein ist alles in allem. Der Einzigartigkeitswunsch hat unendliches Leid in die Welt gebracht.

Ich zitiere einem Satz von Bonaventura: »Alles Geschaffene ist Schatten, ist Echo, ist Bild, Spur, Ebenbild und Aufführung.« Nichts also ist nur, was es ist. Alles hat Anteil an der Heiligkeit Gottes, weil es sein Echo und seine Spur ist. Diese Heiligkeit allen Lebens fordert unsere Ehrfurcht und unsere Ergriffenheit. Vielleicht bewahrt diese Auffassung vom Leben – auch von dem Leben der Tiere – uns davor, sie zu benutzen, als hätten sie kein Geheimnis und als seien sie nur Verfügungsmasse für uns. Als Echo Gottes sind sie zuerst für Gott da und für sich. Die Entzauberung der Welt hat dazu geführt, dass wir uns in grenzenlos imperialer Geste alles unterwerfen. Wer kein Tabu kennt und die Heiligkeit der Schöpfung nicht sieht, wird zu ihrem Zerstörer.

Wir wissen nicht, wie die Welt wird, aber wir wissen, was aus ihr werden soll. Wir haben keine Garantien für die Zukunft, aber wir haben eine Reihe von Versprechungen, Vorstellungen, Visionen und Liedern, die eine Welt besingen, wie sie sein und werden soll. Gott will »hinfort nicht mehr die Erde verfluchen« (Gn 8,21). Die Steppe wird nicht mehr öde sein. Die Blinden werden sehen, die Lahmen werden springen wie ein Hirsch, und die Zunge der Stummen wird gelöst (Is. 35). Das Recht wird fließen wie Wasser. Wie lebt man mit solchen Versprechen und Vorstellungen von einer Welt, in der keiner mehr Opfer ist? Die

Träume vom Recht und vom geretteten Leben bringen uns in Widerspruch mit uns selbst und mit der Welt, in der wir leben. Wer eine Vorstellung vom Recht hat und einen Traum davon, dass es für alle gelten soll, der wird fremd sein in einer Gegenwart, die so vielen das Recht verweigert. Er wird nicht eingefangen sein in einer Gegenwart, die sich schön schminkt und die sich als einzig mögliche gibt. Die Hoffnung lässt uns in gegenwärtiger Zeit nie ganz zu Hause sein, sie macht uns zu Fremden im eigenen Land. Vielleicht wird man uns eines Tages nicht nur fragen, was wir getan und was wir unterlassen haben. Wir sind auch dafür verantwortlich, welche Träume wir haben und was wir erhoffen. In diesem Zusammenhang wird mir unsere spirituelle Bildung immer wichtiger. Man muss viel wissen, um der Hoffnungslosigkeit und dem Zynismus zu entgehen. Man muss eingeführt sein in die Träume vom Recht, um das Recht denken und wünschen zu können. Ich schätze unsere Kirche auch deswegen, weil sie aus Geschichten vom möglichen Leben gebaut ist. Es ist notwendig, die Lernorte in der Kirche zu befragen, ob sie am Grundgespräch mit der alten Tradition von der Würde des Menschen teilnehmen oder ob sie dies nicht mehr wagen und ausweichen in diffuse Vielfältigkeit. Es gibt wenige Stellen in unserer Gesellschaft, in denen die Geschichten von der Gerechtigkeit aufbewahrt werden. Recht aber kann es nicht geben, wenn vorher nicht vom Recht erzählt wurde; wenn vorher nicht gesungen wurde vom Land des Rechts; wenn vorher nicht vom Recht geträumt und um es gebetet wurde. Was wird aus einer Welt, in der der Gott der Armen und des Rechts nicht mehr besungen wird und in der seine Geschichten nicht mehr erzählt werden? Das Leben findet nicht hinter dem Rücken der Sprache statt. Wo die Sprache und die Gesänge verstummen, da versinkt das Leben selber in Undeutlichkeit, Zufälligkeit und Beliebigkeit. Darum ist es die Aufgabe der Kirche, von den großen Wünschen und Hoffnungen Gottes zu erzählen. So

erst bilden sich unsere eigenen Wünsche und Lebenser-
wartungen.

»Damit ihr Hoffnung habt« ist das Motto dieses Kirchentags.
Ich nenne am Ende noch zwei Grundnahrungsmittel der
Hoffnung. Es sind das Gebet und die Gemeinschaft.

Das Gebet: Es ist die Stelle, an der man über die Widersprüchlichkeit der Welt und des Lebens hinauskommt.
Keine philosophische Erklärung und kein theologisches
System versöhnen uns mit den Widersprüchen unseres
eigenen Lebens und mit der Dunkelheit Gottes. Das Gebet
ist die Stelle, an der man weiter springt, als man springen
kann. Was ich nicht in Worten und Argumenten sagen
kann, das behaupte ich im Gebet. Dort preist man Gott für
seine Güte und Treue, selbst wenn wir im Leben so vieler
seine Güte vermissen. Dort sagt man noch im Fallen die
Worte des Psalms: »Du bist mein Fels, meine Hilfe, mein
Schutz, dass ich gewiss nicht fallen werde« (Ps. 62). Dort
und nur dort ist man gewiss, dass Gott uns auf grüner Aue
weidet und uns zum frischen Wasser führt. Das Gebet ist
die Stelle der kecken Hoffnung. Das Gebet gräbt uns die
Hoffnung in unsere Seelen. Darum kann ich mir eine Kirche, ein geistliches Leben nicht vorstellen, in dem das Gebet nicht eine zentrale Bedeutung hat. Das ist keine Flucht
in die Innerlichkeit und Privatheit. Es ist eine Weise, die Lebenden und die Toten nicht aufzugeben. Das Gebet ist die
eigentliche Gestalt unserer Hoffnung.

Als zweites Nahrungsmittel der Hoffnung nenne ich die
Gemeinschaft. Man kann nicht als Einzelner überleben.
Man verhungert, wenn man allein ist. Unser großes Ge-
schenk: Wir sind nicht allein. Wir haben eine Kirche. Wir
haben unsere Gottesdienste, in denen wir einander die
Hoffnung von den Lippen lesen. Ich erzähle eine Geschichte aus der klösterlichen Tradition. Ein Mönch verfiel
in eine tiefe seelische Dürre, und er bat seinen Abt, von
den Chorgebeten dispensiert zu werden, weil sein Herz

den Worten der Psalmen und Gebete nicht nachkommen könne. Der Abt hat ihm nicht erlaubt, dem gemeinsamen Gebet fernzubleiben. Er hat ihn auch nicht gezwungen mitzubeten, was er nicht beten konnte. Er hat zu ihm gesagt: »Geh hin und schau, wie deine Brüder beten.« Er in seiner geistlichen Armut soll sich nicht selber Maßstab sein. Er soll hingehen und seine Dürre mit der Möglichkeit vergleichen, die seine Brüder schon haben. Noch kann er selber nicht hoffen und beten. Aber er kann schon zusehen, wie andere es können. Damit ist seiner Lebenskargheit die Absolutheit genommen. Das leisten unsere gemeinsamen Gottesdienste, so gewöhnlich sie manchmal sind. Es sind Glaubensverleiheinrichtungen. Wir glauben unseren Geschwistern den Glauben, mit dem sie beten und singen. Auch das ist eine Weise zu glauben, den Glauben der lebenden und toten Geschwister zu glauben.

Dies geschieht hier in München in den Gottesdiensten, Gebeten, Bibelarbeiten und was es sonst gibt. Wir leihen uns die Hoffnung unserer Geschwister aus. Wir tummeln uns im katholischen Dialekt des christlichen Glaubens herum. Wir tanzen ein bisschen evangelisch, orthodox und reformiert. Und sollte es ehrbare Männer geben, die deswegen die Augenbrauen hochziehen, lassen wir sie ziehen. Wir freuen uns an unserer Verschiedenheit und bestreiten, dass wir im Glauben voneinander getrennt sind. Wir haben keine Zeit mehr für kindische Fragen; auch nicht mehr für die magersüchtige Idee, Protestanten und Katholiken dürften das Brot des Abendmahls nicht miteinander teilen. Wir überlassen diese Fragen denen, die sonst nichts zu tun haben. Die Eucharistie, das Abendmahl – es ist das große Liebesspiel zwischen Gott und Mensch. Unsere Hoffnung braucht dieses Brot. Darum mache ich einen Vorschlag: Gehen Sie auf diesem ökumenischen Kirchentag in die Gottesdienste und zum Abendmahl der jeweils anderen Konfession! Wenn wir auf die Kirchenleitungen und die Theologen warten, dann mümmelt noch jahrzehntelang jeder nur das eigene Brot in seiner konfessionellen Dunkelkammer. Sind wir voreilig mit dieser Praxis? Jede Schnecke wird sagen, man sei voreilig, wenn man sie überholt. Ich schließe mit einem Satz und der Hoffnung von Georg Christoph Lichtenberg: »Die vernünftigen Freigeister sind leichte fliegende Korps, immer voraus und die die Gegenden rekognoszieren, wohin das gravitätische geschlossene Korps der Orthodoxen am Ende doch auch kommt.«

Der reiche Kornbauer
Lukas 12,13-21

Ich gestehe: der reiche Kornbauer ist zwar lächerlich, aber er ist mir nicht unsympathisch. Unser Kornbauer ist Oblomow. Er ist wie der Titelheld des Romans von Iwan Gontscharow. Jener Oblomow war ein reicher Landadliger, dessen Mittelpunkt der Diwan war. Er ist verzärtelt, hilflos und verkommen. Die Liebe einer Frau kann ihn nur kurze Zeit aus seiner Lethargie reißen. Von seinem Diener wird er versorgt und zugleich bestohlen. Sich um nichts zu kümmern, ein friedliches Leben ohne Hast und Sorge zu genießen, das ist sein Idyll. Oblomow hat nie gesorgt und geschuftet. Er hat seinen Reichtum geerbt, das ist sein Unterschied zum Kornbauern. Der hat sich angestrengt, seine Äcker vermehrt und seine Scheunen vergrößert. Jetzt aber hat er ausgesorgt. Und jetzt wird er Oblomow. Er sagt zu sich selber: Liebes Seelchen – ein Narziss ist er! –, du hast einen großen Vorrat für viele Jahre, hab' nun Ruhe! Iss, trink und habe guten Mut! Er wird Oblomow, der das untätige Leben in vollem Maße genießt, gegen Mittag aufsteht, genüsslich frühstückt, den Nachmittag und nachts seinen Gedanken nachhängt. Oblomow und der reiche Kornbauer: Sie essen und trinken und haben guten Mut. Warum sage ich, dass sie mir nicht unsympathisch sind? Einmal weil ich die Hälfte meines Lebens katholisch war und die Katholiken mehr Verständnis für Faulheit und Lebensgenuss haben. Nicht zufällig war Oblomow eine Lieblingsfigur des Katholiken Heinrich Böll.

Es gibt einen zweiten Grund, warum ich Oblomow und dem Kornbauern zublinzle: Sie sind nicht wie die Reichen und der Reichtum in unseren Ländern. Da sagt keiner: Jetzt hab ich genug. Mehr will ich nicht, höher will ich nicht hinaus, schneller will ich nicht. Was wäre das für ein Glück für die Welt, für das Wasser, für die Ressourcen, für die

119

Atemluft unserer Kinder, für die Tiere und für sie selber, wenn die Reichen sagten: Ich habe genug gesammelt und in meine Lebensscheunen gebracht. Jetzt esse ich, trinke ich und sage zu meiner Seele: Hab guten Mut! Wir würden es ihnen sogar gönnen. Denn sie wären weniger gefährlich. Oblomow kennt keine Gier, die Gier des Kornbauern ist gestillt, die Habgier der Reichen und des Reichtums unserer Zeit ist unstillbar. Die Unmäßigkeit oder die Gier galten in der Tradition als eine der sieben Hauptsünden. Diese Sünden haben wir immer nur auf die Einzelperson und hauptsächlich aufs Essen und Trinken bezogen. Das ist nicht falsch. Der Fresssucht oder der Trunksucht verfallen zu sein, ist eine Selbstentwürdigung, in der wir verraten, dass wir Geschöpfe Gottes sind. Essen und Trinken verlieren ihre Schönheit und werden zum Zwang. Die Gebote und Verbote Gottes schützen unsere Freiheit und unsere Würde, darum ist die Warnung vor der Unmäßigkeit zugleich der Aufruf, unsere Freiheit nicht dem Diktat falscher Wichtigkeiten zu verkaufen. Essen und Trinken gehören zu den lustvollen Schönheiten des Lebens. Jedes Essen mit Freunden und Freundinnen, jedes Mahl ist ein Schatten des Abendmahls und ein Vorschein jenes Mahles, das wir feiern im endgültigen Reich der Freiheit und des Friedens. Darum ist die pure Verfressenheit wie eine Verstümmelung jener Schönheit.

Es geht aber nicht nur um die Unmäßigkeit in Essen und Trinken. Jeder Überfluss stört die Genussfähigkeit des Menschen. Wir essen mehr, als wir brauchen. Wir heizen unsere Wohnungen mehr, als es nötig ist. Wir haben mehr Informationen, als wir verarbeiten können. Wir fahren schneller, als es uns und der Welt unserer Kinder gut tut. Diese Art der Völlerei ist in keinen ethischen Zusammenhang mehr zu bringen. Das Verbot der Unmäßigkeit lehrt uns fragen, was diese Art des Könnens und des Überflusses für unsere Kinder, für unsere Enkelkinder, für die Armen dieser Erde und für das Überleben der Welt bedeutet.

Der Zwang zum Können ist groß geworden. Es wird Zeit zu fragen, was wir nicht tun und haben dürfen. Es ist schön, dass wir eine Tradition haben, die nicht zulässt, dass wir in der reinen Heutigkeit ertrinken; eine Tradition, die uns aufstört im Gefängnis der falschen Selbstverständlichkeiten. Sie lehrt uns fragen: Was ist dein Maß? Was brauchst du, und was brauchst du nicht? Was darfst du, und was darfst du nicht? Diese Fragen sind keine lebensfeindlichen Beschränkungen, es sind Rufe in die größere Freiheit.

Im Evangelium spricht Gott zum Kornbauern und zu uns: Ihr Narren! Diese Nacht wird man eure Seelen von euch fordern. Wir werden sterben. Leben können wir nur in Freiheit; leben können wir nur geschwisterlich; leben können wir nur in Heiterkeit, wo wir wissen, dass wir sterben werden. Nur endliche Wesen sind geschwisterliche Wesen. Freiheit und Lebensspiel gibt es nur, wo man weiß, dass man sterblich ist; dass keine großen Scheunen, kein eingefahrenes Korn, keine Renditen uns vor dem Tod retten. Die Welt des Kapitals ist die Welt des Zwangs und der Sucht, der Habsucht. Es sind eben keine Oblomowwelten, sondern Welten des Erjagens, der Ruhelosigkeit, der Verbissenheit; eine Welt, in der die Jäger schon lange die Gejagten sind. Ein Süchtiger kann nicht glücklich sein. Es ist so schade; es geht so viel Lebensschönheit verloren, wo Menschen zu Beuten ihrer eigenen Jagden werden.

Auf die Geschichte vom Kornbauern folgt im Lukasevangelium die heitere Rede Jesu über die Sorglosigkeit: Sorget nicht um euer Leben. Das Leben ist mehr als die Nahrung und die Kleidung. Seht die Raben an, sie haben keine Keller und Scheunen, und Gott ernährt sie. Schaut euch die Lilien an. Sie sind schöner gekleidet als in Salomonis Seide. Die Rede Christi ist so schön und federleicht wie das das Lied von Paul Gerhardt: Geh aus, mein Herz, und suche Freud. Sorge ist eigentlich ein schönes und mütterliches Wort, und manchmal denke ich, Jesus konnte so unbesorgt über die Sorge reden, weil er Junggeselle war und keine 7 Kinder zu versorgen hatte. Aber hier ist es eine große Verlockung zur Freiheit: Euer Leben ist mehr als eure Scheunen; euer Leben ist mehr als eure Schuhe und Strümpfe; es ist mehr als eure Bildung und euer Ansehen und eure Schönheit und eure Gesundheit. Überflüssige Dinge machen das Leben überflüssig, sagt Pasolini. Ihr macht euer Leben überflüssig; ihr kommt nicht bis ins Leben, wo euch die Sorge für das Leben verschlingen. Nein, das ist nicht nur Moral, was da verkündet wird. Es ist die pure Verlockung zur Schönheit und Freiheit.

Der Kornbauer: Ich habe meine beschränkte Sympathie für ihn genannt. Aber es ist ein gescheitertes Leben. Es ist ein an den Erfolgen gescheitertes Leben, nicht im großen tragischen Sinn gescheitert, sondern gescheitert in der Banalität und Lächerlichkeit. Der Kornbauer lebt nicht. Er hat sich ein Prunkgrab gebaut. Wohin soll ich meine Früchte sammeln, fragt er sich. Ihm fällt nichts anderes ein für seine Lebensernte als die Scheunen, in denen er alles stapelt. Da sitzt er nun. Er isst und trinkt, aber den guten Mut, den er sucht, wird er nicht finden. Der Kornbauer ist reich. Man muss alle dazusehen, durch die er reich geworden ist: Sieh den kleinen Pächter dazu, der seine Kinder nicht ernähren kann, weil der Reiche ihm den größten Teil seiner Hände Arbeit gestohlen hat! Der Reiche ist reich. Seht die Armen dazu, durch die er reich geworden ist und deren Mühsal er frisst. Seht die Kinder, die schlechtes Wasser trinken, die Würmer haben und die mit ihrem Hunger den Reichen ernähren. Seht die Welt dazu, die er ausplündert in seiner Gier. Nicht einmal seine Kinder werden in ihr leben können. Nein, Kinder kommen in der Geschichte nicht vor. Nur er kommt vor mit seinen Schätzen und in seiner ruhelosen Einsamkeit.

Er ist reich: Die Feststellung eines Selbstmords! Es hat sich einer aus dem Leben gestohlen. Die Weisheit der Alten erreicht ihn nicht mehr, denn er ist ihr Feind geworden. Die Freundschaft des Bauern hat er verspielt. Seine Ohren sind taub für das Lachen der Kinder, deren Brot er isst. Sich selber hat er den Trost des Lebens gestohlen. Die Ruhe, die er seiner Seele verspricht, wird er nicht finden. Der große Kalkulierer hat sich verkalkuliert. Er weiß nicht, dass er sterben wird. Er ist schon tot. Der Kornbauer hat, aber er ist nicht! »Niemand lebt davon, dass er viele Güter hat!«, sagt Jesus zur Einleitung seines Gleichnisses. Scheunen, die wir gebaut haben, sind zerstörbar. Die Früchte, die wir für uns selbst gesammelt haben, sind zerstörbar. Wer sich darauf verlässt, dem sagt das Evangelium: »Du Narr! Diese Nacht wird man deine Seele von dir fordern.«

Reich sein bei Gott, ein Versuch, dies zu verstehen: Der Kornbauer ist Selbstversicherer. Er ist einsamer Garant seiner selbst. Er garantiert sich durch die toten Dinge, mit denen er sich umgibt. Er muss sein eigener Lebenszeuge sein. Das ist ein anstrengender Zwang. Wenn ich etwas von diesem Christentum und speziell vom Protestantismus gelernt habe, dann ist es der wundervolle Satz aus dem achten Kapitel des Römerbriefes: »Der Geist gibt Zeugnis unserem Geist, dass wir Gottes Kinder sind.« Wir bezeugen uns nicht selbst durch unseren Reichtum, unsere Fixheit in der Welt, durch unsere Schönheit, durch unsere Gesundheit, durch unsere Erfolge. Wir brauchen uns nicht selber nachzujagen. Unser Leben ist nicht gerettet, weil wir es retten, sondern weil wir angesehen sind vom Blick der Güte. Wir sind, ehe wir haben. Wir sind, ehe wir uns gemacht haben. So kann man in Heiterkeit leben.

Wie stirbt Stephanus?
Apostelgeschichte 7

Es gibt Predigten, an denen der Prediger stirbt. Es gibt Predigten, nach denen er vergnügt weiterlebt. Stephanus ist an seiner Predigt gestorben. Wer war dieser Stephanus? Ob der Bericht aus der Apostelgeschichte historisch ist oder nicht, ist mir gleichgültig. Er ist ja nicht für ein Archiv überliefert, sondern an uns geschrieben, die wir ihn heute lesen. Und so ist es unerheblich, ob er korrekt ist oder nicht. Stephanus war einer der Armenpfleger in der frühen christlichen Gemeinde. Er gerät in Streit mit einer Gruppe hellenistischer Juden. Sie bringen ihn vor den Sanhedrin, das oberste religiöse Gericht. Der Anklagepunkt: »Dieser Mensch hört nicht auf zu reden gegen diese heilige Stätte – gegen den Tempel und gegen das Gesetz.« Auch bei der Klage gegen Jesus vor dem Hohen Rat spielte die Tempelkritik eine Rolle, der Vorwurf: »Er hat gesagt, ich will diesen Tempel, der mit Händen gemacht ist, abbrechen und in drei Tagen einen anderen bauen, der nicht mit Händen gemacht ist.« (Mk 14,58) »Falsche Zeugen« sollen sowohl bei Jesus wie bei Stephanus dies gesagt haben. So falsch können diese Zeugen nicht sein. Denn Stephanus macht in seiner Verteidigungsrede eine höchst tempelkritische Bemerkung: »Der Allerhöchste wohnt nicht in Tempeln, die mit Händen gemacht sind. Der Prophet Jesaja sagt: Der Himmel ist mein Thron und die Erde der Schemel meiner Füße. Was wollt ihr mir denn für ein Haus bauen.« Alle unsere religiösen Einrichtungen; alle unsere Kapellen und Kirchen und auch die prächtigsten Dome mit ihrer Macht und Pracht stehen unter diesem Vorbehalt. »Der Allerhöchste wohnt nicht in Tempeln, die mit Menschenhänden gemacht sind.« Gott braucht sie nicht. Und auch wir brauchen sie nicht notwendig. Und je notwendiger sie uns sind, umso mehr stehen sie unter der skeptischen Frage Gottes: Was wollt ihr mir denn für ein Haus bauen?

Ich versuche zunächst die Ankläger zu verstehen. Ich nehme nicht an, dass sie blutrünstig und nur darauf aus sind, Stephanus zu töten. Wir machen es uns zu leicht, wenn wir sofort auf der Seite Jesu oder seiner Heiligen sind. Die Gegner Jesu sind weder dumm noch bösartig. Sie haben Sorgen, und sie haben Interessen, deren Berechtigung nicht ganz von der Hand zu weisen ist. Sie wollen sich an etwas halten; etwa an das Gesetz des Mose, das sie durch Jesus und durch Stephanus verletzt sehen. Sie wollen ihre Hoffnung auf etwas gründen; auf eine Tradition, auf einen Ort, ein Haus, einen Tempel, den sie durch Stephanus und Jesus bedroht sehen. Sie wollen fromm sein, und diese Frömmigkeit sehen sie durch Jesus und Stephanus gefährdet. Die Gefahr ihrer Frömmigkeit ist, dass sie verliebt sind in die Sichtbarkeiten; in die Augenscheinlichkeiten der Anwesenheit Gottes. Das ist erklärlich. Die Hoffnung der Menschen kommt so schwer ohne Zeichen aus; sie baut sich Zeichen der Anwesenheit Gottes in heiligen Orten, heiligen Zeiten und heiligen Praktiken. Diese Zeichen stehen immer in der Gefahr, Garantien Gottes zu werden. Der Monotheismus ist schwer auszuhalten; die Einzigartigkeit, das Geheimnis und die Unverfügbarkeit Gottes sind schwer zu ertragen. Darum nimmt man etwas von der Ehre Gottes und schmückt Menschen und Dinge damit. Man verehrt Götzen. Stephanus erinnert in seiner Rede vor dem Sanhedrin an jene Urgeschichte des Abfalls, an die Geschichte vom goldenen Kalb. Als Mose auf dem Berg zum Gottesgespräch gestiegen ist, verlangen die Israeliten von Aaron, der ihn vertritt, eine Garantie der Hoffnung. Sie reißen sich ihr Gold und das Beste, was sie haben, vom Leib, und Aaron gießt ihnen daraus den mächtigen Stier aus Gold. Es ist schwer, den Monotheismus auszuhalten. So nehmen sie von der Schönheit Gottes und schmücken damit ihren Götzen. Sie wandten sich, wie Stephanus sagt, in ihren Herzen wieder Ägypten zu. Es ist schwer, die Ungreifbarkeit Gottes auszuhalten. Das ist das Problem der Religionen. Darum verleihen sie Dingen eine Heiligkeit, die nur Gott zusteht. Sie beten nicht mehr Gott an; sondern ihre Ordnungen und Gesetze. Sie beten nicht mehr Gott an, sondern ihre Gotteshäuser und Gottesdienste. Und nicht selten machen sie sogar ihre Bibeln zu Götzen. Sie wenden sich in ihren Herzen wieder Ägypten zu. Sie tun dies nicht aus Bosheit, eher aus Verzweiflung und Angst. Man muss doch etwas Festes haben, man muss doch etwas in den Händen haben und sich doch an etwas halten können. Es gibt eine Sehnsucht nach trügerischer Klarheit und Zweifelsfreiheit, die in den Götzendienst führt; dies gelegentlich auch in der Mitte der Religion.

Gott will seine Ehre und die Freiheit seines Volkes, darum schenkt er ihm das Verbot, sich Bilder von ihm zu machen und diese anzubeten. So heißt es im Buch Exodus (20): »Ich bin der Herr, dein Gott, der dich aus Ägyptenland, aus der Knechtschaft geführt hat. Du sollst dir kein Bildnis noch Gleichnis machen, weder von dem, was oben im Himmel, noch von dem, was unten auf Erden, noch von dem, was im Wasser unter der Erde ist. Bete sie nicht an und diene ihnen nicht.« Das ist ein großer Freiheitstext der Menschheit: »Lass dich nicht verführen, sie anzubeten und ihnen zu dienen.«

Wie aber kommt man dazu, die Götzen zu bezweifeln? Wie hängen Glaube und Skepsis zusammen? Der Glaube an die Geborgenheit des Lebens in Gott hat eine Kehrseite: das ist die Bezweiflung aller Mächte und Gewalten, aller Einrichtungen, Gewohnheiten, Gesetze, Naturhaftigkeiten, Personen oder Lehren, die sich als lebensrettend und endgültig ausgeben und aufspielen. Das ist das anarchische Prinzip, die gewaltbrechende Eigenschaft des Glaubens an Gott. Das Bewusstsein, einen Ursprung der Lebensrettung zu haben, weckt zugleich die Grundskepsis gegen alles, was sich als wichtig und lebensrettend aufspielen will. Der Glaube ermöglicht den Unglauben und das Misstrauen gegen alles, was sich als unberührbar, als unumstößlich und grundlegend gibt. Es ist ein Grund gelegt, und mehr Grund und Begründung brauchen wir nicht. Der Glaube an die Güte des Lebens, der Glaube an Gott hat eine zersetzende Kraft. Er zersetzt alle Mächte, er vertreibt alle Geister, die diese Güte bestreiten oder ersetzen wollen. Dieser Glaube ist der Grund der Freiheit, er vertreibt die Götzen.

Stephanus beschreibt seinen Anklägern die Geschichte des Volkes als die Heilsgeschichte Gottes; als den mühsamen Versuch Gottes, das Volk aus den Sklavenhäusern zu führen. Er beschreibt zugleich die Geschichte als eine Serie des Abfalls von Gott und des Götzendienstes. Dann hat er die große Vision, die ihm endgültig den Tod bringt: »Ich sehe den Himmel offen und den Menschensohn zur Rechten Gottes stehen.« Damit hat er sein Leben verwirkt. Sie steinigen ihn.

Die Geschichte des Stephanus ist jener anderen Geschichte nachgebildet, die wir in den Tagen vor Karfreitag hören, der Passion Christi. Stephanus kommt vor den Hohen Rat wie Jesus von Nazareth. Er wird der Lästerworte gegen den Tempel angeklagt wie Jesus. Gegen ihn treten falsche Zeugen auf wie beim Prozess Jesu. Schließlich stirbt er mit Worten auf den Lippen, die den letzten Worten Jesu nachgebildet sind: »Herr Jesus nimm meinen Geist auf!«, sagt er. »Vater, in deine Hände empfehle ich meinen Geist«, sagt Christus. »Rechne ihnen diese Sünde nicht an!«, ruft Stephanus. »Vergib ihnen, denn sie wissen nicht, was sie tun!«, bittet Christus.

Von Stephanus wird berichtet, er habe bei seinem Tod ein letztes erhabenes und tröstliches Bild: Der offene Himmel und der Menschensohn, der zur Rechten Gottes steht. Das nun ist der Unterschied: Christus sind bei seinem Sterben die Bilder genommen. Er hat keinen offenen Himmel gesehen. Er hat geschrien, wie alle unter der Folter schreien: »Ich habe Durst.« Alle Souveränität war dahin, jede Erhabenheit ist zerronnen in die drei kleinen Worte: Ich habe Durst. Es sind Worte, die man einem, der unter der Folter stirbt, am ehesten zutraut. Die körperliche Pein nimmt der Sprache jedes Pathos. Es bleiben die einfachen Worte: Ich habe Durst, ich habe Angst, ich habe Hunger. Gott hat sich vermummt im Schicksal dieses Jesus von Nazareth in unsere eigenen Gestalten; in das Stöhnen der Gefolterten, in den Hunger der Kinder, in die Schmerzen der Verlassenen, in den großen Durst der Welt nach Leben und Glück. Der eine Erzähler vom Tod Christi weiß nur von diesem letzten verzweifelten Satz: »Mein Gott, mein Gott, warum hast du mich verlassen.« Er weiß nur etwas von einem lauten Schrei, den er ausstieß, ehe er starb. Christus hatte keine Bilder mehr. Sein Glaube musste ohne Zeichen auskommen.

Jener Mann Gottes am Galgen ist das lebendige Bilderverbot. Die Götter, die wir uns ausdenken, haben all das, was uns selber fehlt: unsere Kargheit machen wir zu ihrem Reichtum. Unsere Wunden machen wir zu ihrer Unversehrtheit. Unsere Niederlagen machen wir zu ihren Siegen. Jener Gefolterte und an den Galgen Gehängte ist der große Einspruch gegen unsere Gottesbilder des ungetrübten Glanzes und der ungebrochenen Macht. Macht euch kein Bildnis! Tut diese falschen Bilder von den unberührbaren Göttern weg. Das Wort Gott ist in der Geschichte der Menschheit ein verschlüsselter Text, man kann ihn auf viele Weise auslegen. Das Kind in der Krippe und der Mann am Kreuz sind die Lesart, die uns bindet: Gott ist unkenntlich geworden südlich von Jerusalem, versteckt im kleinen König, geboren im Stall. Er meldet sich nicht unter dem Namen der Macht und des blendenden Glücks. Der Unverwundbare hat den Wall seiner Burg geschleift. Hungrig nach der Nähe der Menschen ist er auf ihre Straßen gegangen und an ihre Zäune. Er duckt sich am Feuer mit den halbwilden Hirten, er zecht mit den Armen. In der Nacht schläft er bei ihnen, den Kopf auf einem Stein. Dieses Kind in Bethlehem und der Mann am Kreuz sind das Fleisch gewordene Bilderverbot.

Und zugleich: Dieses Kind in der Krippe und der aufs Kreuz Gelegte sind die neue Kenntlichkeit Gottes. Gott ist kenntlich geworden im kleinen König, geboren im Stall. Sein Name ist Habenichts, Flüchtling, Todgeweihter. Ein geheimnisvoller Gott, der die Tränen nicht trocknet, die seine Armen weinen; der die Wunden nicht heilt, die das Leben schlägt. Ein geheimnisvoller Gott, der nicht weicht aus dem Hunger der Brotlosen, aus der Qual der Gefolterten und den das Leben aufs Kreuz legt wie andere auch. Sein Grundname ist Emmanuel, der Gott mit uns; der Gott bei uns. Eines unserer Kinder konnte es, als es noch klein war, nicht ertragen, von irgendeinem Gespräch oder einem Unternehmen ausgeschlossen zu sein. »Auch dabei« war sein Lieblingswort. Emmanuel, »Auch dabei«, ist der Lieblingsname jenes Gottes, der sein Gesicht aufgedeckt hat in dem Kind zu Bethlehem und der in unserem Glück und in unseren Schmerzen wohnt. Es kommt nicht so sehr darauf an, dass wir die Vorgänge in Bethlehem und auf Golgatha glauben und für wahr halten. Ich wünsche noch mehr, dass wir sie schön finden; dass wir diesen Gott schön finden, der sich nicht in sich selbst verkrallt, in seinen eigenen Glanz und seine Absolutheit; der nicht geizig sein eigenes Glück bewacht, sondern ausströmt in die Welt der Kälte. Dieser Gott ist Mitteilung, er ist das Allermitteilsamste, wie ihn Meister Eckhart nennt.

Kann ein Tod dem Leben dienen? Was singen wir mit dem Lied »Jesu, deine Passion ist mir lauter Freude«? Was singen wir mit jenen anderen Liedern, die aussagen, es sei gut, dass Jesus gestorben ist? Was ist gut am Tod Christi? Nein! Kein Tod ist gut, der dem Menschen gewaltsam aufgepresst wird, auch nicht der Tod jenes Gerechten, dessen sich die Christen in der Passionszeit erinnern. Aber gut ist die Güte. Gut ist die Leidenschaft jenes Gottes, versteckt in Christus, der dort sein will, wo das Leben geschändet wird; wo Menschen in ihrer Schwäche ertrinken und wo der Tod sie zeichnet, ehe sie geboren sind. Ein geschwisterlicher Gott kann nur der sein, der in unsere eigene Endlichkeit gefallen ist. Die Erinnerung an die Passion dieses Gottessohnes, der sich nicht vertreiben lässt aus unseren Toden, steht im Zentrum des Christentums; damit die Erinnerung an die Tode, die er weiter stirbt in den verhungernden Kindern, in den geschändeten Frauen und in allen Niederlagen des Lebens. Es ist noch nicht vollbracht. Und dagegen der dreiste Einwand der Hoffnung: Es ist vollbracht. Der Tod des Gerechten hat dem Tod den Sieg genommen. Es ist vollbracht.

Ich sage es persönlich: Ich finde es nicht leicht, an Gott zu glauben, wenn ich mit offenen Augen durch die Welt gehe und wenn ich diese Augen nicht vor den grandiosen Untergängen des Lebens verschließe. Es scheint einem oft, dass der Atheismus die besseren Argumente hat. Christus, das bildlose Bild Gottes, ebnet mir den Weg. Ich glaube ihm seinen Gott. Ich sage es mit einigen Sätzen aus einem Gedicht von Dorothee Sölle. Sie hat es kurz vor ihrem Tod in diesem Dom gelesen.

»Ich glaube wie sie das nennen nicht an Gott
aber ihm verstehst du kann ichs schlecht abschlagen
ihm sieh ihn doch an im garten wenn ihm alle davon sind
   die freunde
ihm dem die Angst vom Gesicht läuft die spucke die sie
   ihm drauftun
ihm muss ich es glauben

Nachdenkend finde ich man kann
ihn nicht allein
für seine vermutung
einstehen lassen

also glaube ich ihm
gott

Wie man einem das lachen glaubt
das weinen
oder das heiraten das neinsagen
so wirst du lernen
ihm das allen versprochene leben
zu glauben«

Ich glaube Christus seinen Gott – auch das ist eine Weise
des Glaubens an Gott.

Erzählen zur Rettung des Lebens

Sich in die Geschichten des Gelingens hineinlesen
Ich habe meinen Kindern und Enkeln unendlich viele Geschichten erzählt, in denen eine gewisse Ziege Berta die
Hauptrolle spielte. Ziege Berta gelang, was den Kindern
noch nicht gelang. Ihr misslang, was auch ihnen misslang.
Sie überwand Ängste und Einsamkeiten, die die Kinder
quälten. Sie überlistete Autoritäten, die auch die Kinder
überlisten wollten. Warum hörten die Kinder diese Geschichten gern? Einmal natürlich, weil sie unterhalten werden wollten, und das nicht nur von einer CD, sondern von
der Wärme einer Stimme und der Nähe eines Gesichts.
Aber es gab einen anderen Grund. Sie ahnen sich selber in
den Geschichten der ängstlichen, frechen, einsamen und
aufmüpfigen Ziege. Die hörenden Kinder bleiben sich selber verhüllt, und sie werden sich deutlich in der fremden
Geschichte. Sie sind mit ihrem eigenen Schicksal, mit ihren
Freuden und mit ihren Leiden Gast im fremden Lebenszelt
der Ziege Berta, und sie lesen ihr Leben in jenem fremden
Text.

Nicht anders ist es bei uns, wenn wir die großen Erzählungen der christlichen Tradition hören. Wir hören in der
Erzählung der Schöpfungsgeschichte, dass der Anfang allen Lebens gut war, und wir behaupten im fremden Bild,
dass unser Leben gut ist, so zerrissen unser eigener Augenblick sein mag. Wir hören, dass Menschen aus Sklavenhäusern entkommen sind, und wir lesen uns in die alte Geschichte vom Gelingen ein. Menschen entkommen
der Tyrannei des Augenblicks, indem ihr eigenes Bild auf-
gelöst wird in das Bild der befreiten Sklaven. Sie entkommen ihrer Hoffnungskargheit, indem sie sich hineinlesen in
die Geschichten vom endgültigen Gelingen des Lebens.
Die Erzählung ist »eine List der gefährdeten Identität« (Ha-
rald Weinrich). Wo das Leben nicht selbstverständlich ist,

da erzählt man es selbstverständlicher, als es ist. Es ist kein Wunder, dass das Erzählen gerade in der jüdischen Tradition eine solche Rolle spielt. »Wer keine Geschichten erzählt und keine Geschichten hört, lebt nur für den Augenblick, und das ist nicht genug«, lässt Isaac B. Singer in seinem »Geschichtenerzähler« Reb Falik sagen, der so gerne Geschichten hört. Vielleicht braucht man dort keine Erzählung, wo das gegenwärtige Leben den Menschen vollkommen einleuchtet; wo es keine Armen und keine Lahmen gibt; keine Tyrannen, keine Schuld und keinen Tod.

Wer man ist und was man hoffen darf, kann man sich nicht allein sagen. Man sagt es sich im Zusammenhang großer Erzähltraditionen. Erzählungen brauchen eigentlich immer eine Gruppe, eine Kirche, d. h. sie werden stark, wo man einander die Wahrheit einer Erzählung von den Lippen liest und wo sie in einer Gruppe zirkulieren. Der Bezugsrahmen und das Bedeutungsschema des gemeinsamen Gedächtnisses macht die Erzählung zu einem geteilten und damit starken Erbe. Die Gruppe verleiht ihr Wichtigkeit und bringt sie existentiell in den Blick und ins Herz. Der französische Soziologe Maurice Halbwachs, der in Buchenwald ermordet wurde, hat in seinem Buch »Das kollektive Gedächtnis« ein Kapitel mit der Überschrift »Das Vergessen durch Loslösung von einer Gruppe«.

Die Erzählung und die Beschreibung

Eine Erzählung büßt ihre Kraft ein, wo das Subjekt mit seinen Wünschen, Ängsten und Leiden aus ihr entfernt wird; wo die Erzählung zur Beschreibung erstarrt. Es ist vermutlich die Gefahr aller Religionen, ihre Grunderzählungen zu sichern, indem man sie zur genauen Beschreibung erkalten lässt. Ich nehme als Beispiel den Satz aus dem Glaubensbekenntnis »geboren aus der Jungfrau Maria«. Es gibt eine wundervolle Erzähltradition im Alten und im Neuen Testament, in der davon berichtet wird, dass das Heil Gottes nicht das Produkt der Natur und der menschlichen Möglichkeiten ist, sondern da zu erwarten ist, wo Menschen an die Grenzen ihrer Künste stoßen. Die großen Einbrüche Gottes sind gerade da zu finden, wo menschlich nichts mehr zu erwarten ist. Sara, der alten und unfruchtbaren Frau, wird der Erbe verheißen, und sie gebiert. Hanna, die Mutter Samuels, ist unfruchtbar und gebiert. Elisabeth, die Mutter des Johannes, ist alt und unfruchtbar, und sie gebiert. Wer könnte den Einwand ihres Mannes Zacharias nicht verstehen: »Ich bin alt, und meine Frau ist betagt.« (Lk 1,18) Und so Maria auf die Ankündigung des Engels: »Wie soll das zugehen, da ich von keinem Mann weiß!« (Lk 1,34). Wenn die Erzählung der Jungfrauengeburt ihren poetischen Charakter verliert; wo sie zur Beschreibung eines Sachverhalts wird, da verliert sie ihren Trost und ihre Lebenskräftigkeit. Da kommen all die unappetitlichen Überlegungen auf, die sich Theologen an diesem Dogma gemacht haben. Je autoritärer die Struktur einer Religion ist, umso mehr hat sie Interesse an Beschreibung, Genauigkeit und Kontrollierbarkeit. Die Hoffnung kann man nicht in enthäuteten Gedanken haben. Sie führt sich auf in Bildern und Erzählungen.

Die Erzählungen der Alten

Warum erzählen alte Leute von früher? Im Alter und vor dem Tod will man noch einmal alles zusammenkriegen. Selbst wenn die Lebensbruchstücke weit auseinander treiben, bringt man sie im Erzählen zusammen. Die im Leben verlorene Kontinuität wird im Erzählen gerettet. Das Subjekt, das sich selber in seiner Herkunft und in seinem Schicksal überlegt, erzählt die Welten zusammen, die nicht zueinander passen. Bei allen Untergängen ist eines geblieben: das Ich des Erzählers. Es hat sich verändert, natürlich. Es ist durch Feuerbäche und Eisströme gegangen. Aber es ist immer noch das Ich, das geschundene und beglückte Ich. Sagen jene die Wahrheit, die von ihrer alten Welt erzählen? Ich bin mir aus zwei Gründen nicht sicher. Denn erstens tut jeder, der gut erzählt, von sich selber etwas dazu, das ist eine Goethe-Weisheit. Ein guter Erzähler reproduziert die Wirklichkeit nicht nur, er ist auch Autor der erzählten Realität. Robert Walser schreibt in einem Brief: »Alle Essayisten müssen, um interessant zu scheinen, bis zu gewissen schicklichen Grenzen aufschneiden«; oder besser noch Walter Benjamin: »Wir lesen nur etwas aus einem Text heraus, wenn wir bereit sind, etwas in ihn hineinzulesen; was heißt, etwas in ihn von unserem Leben hineinzulegen.« Ein Erzähler muss auch ein guter Lügner sein.

Ein zweiter Grund, warum den Erzählern nicht ganz zu trauen ist: Jeder Erzähler folgt einem inneren Skript, das er meistens selbst nicht durchschaut. Er will über die Darstellung seines Themas hinaus immer noch etwas geheimes Anderes. Vielleicht will er die Wahrheit jener alten Zeit retten, vielleicht die Wahrheit seiner Gegenwart mit dem Beleg der Vergangenheit. Vielleicht haben gerade Menschen mit vielen Lebensbrüchen das Bedürfnis, ihr Leben gerade zu erzählen. Sie wollen sich rechtfertigen und von einer Kontinuität erzählen, die am Leben selber nicht abzulesen ist. Erzählen heißt auch, die innere Logik des Lebens zu behaupten durch alle krummen Wege hindurch. Wer sich von vielem getrennt hat, der hat vielleicht in besonderer Weise das Bedürfnis, sich zu rechtfertigen. Vielleicht will man den eigenen Wegen und den eigenen Entscheidungen mehr Einsicht und Folgerichtigkeit zuschreiben, als sie haben. Ich betrachte also meine eigenen Erzählungen mit Humor, nicht nur deswegen, weil ich mir selbst nicht ganz traue, sondern weil ich nicht gezwungen bin, der Garant meiner eigenen Folgerichtigkeit zu sein. Vielleicht heißt dies ja Gnade: Nicht der Garant seiner eigenen Folgerichtigkeit und Kontinuität sein müssen. Gnade denken, heißt, nicht mehr unter Identitätszwängen zu stehen

Die Autobiographen und ihre Leser

Wer ist der öffentliche Erzähler seiner Lebensgeschichte, und warum will er in einem Interview oder in einer Autobiographie sich selber öffentlich darstellen? Warum gewährt ein Mensch anderen, die er nicht einmal kennt, Einsicht in sein Leben bis in das Geheimnis seines eigenen Herzens? Es ist nicht nur Eitelkeit, die jemanden dazu bringt, sich anderen mit der eigenen Lebensgeschichte zuzumuten. Sich veröffentlichen, sich zeigen in dem, was man liebt oder was man verachtet, ist eine Form, an sich selber zu arbeiten. Man wird der, als der man sich zeigt. Man bekommt Gesicht, indem man Gesicht zeigt. Sein eigenes Leben erzählen heißt ja nicht, eine Reihe von Tatsachen und Ereignissen, die für einen bestimmend waren aneinanderzureihen. Eine Vergangenheit legt man sich auch zu, denn man erzählt nicht nur, wer man war und wer man ist. Man erzählt auch, wer man sein will und sein wollte. Eine Zeit lang war es Mode, sich ein früheres Leben zuzulegen. Ich hörte immer mit Vergnügen, was Menschen in ihrem »früheren Leben« waren. Die eine war die Geliebte von Cäsar; der andere war Kampfgenosse Karls des Großen. Nie allerdings habe ich in einer Selbsterzählung gehört, dass eine nur Magd war und einer gewöhnlicher Bauer auf der schwäbischen Alb. Man besondert sich auch gerne in seiner Lebenserzählung und sagt sich: Ich bin nicht ein Gewöhnlicher oder eine Alltägliche. Jede Erzählung ist Dichtung und Wahrheit. Wer erzählt, wählt aus und betont Ereignisse des eigenen Lebens, und damit unterschlägt er andere Tatsachen. Je vollständiger und unpointierter eine Lebenserzählung ist, desto langweiliger ist sie. Je mehr ein Mensch sein Leben zu einer Dichtung macht, umso mitteilenswerter und lesenswerter ist sie. Erzählen heißt, aus den dahintreibenden Bruchstücken des eigenen Lebens einen fließenden Strom zu machen. Erzählungen stellen Kontinuitäten her. Und somit heißt erzählen, das eigene Leben einsichtig machen und es als sinnvoll interpretieren.

Warum lesen Menschen Biographien und fremde Erzählung? Man liest sich immer auch selber in der Geschichte eines anderen. Man wird sich selber deutlich in der Erzählung des Gelingens und der Niederlagen eines anderen. Jede Hoffnungsgeschichte, die erzählt wird, flüstert einem zu: Das Leben geht! Bei jeder Erzählung von Niederlagen sagt man sich: Auch mir ist es passiert, und auch ich werde entrinnen. Jede Geschichte der Niederlage erzählt: Du wirst herauskommen aus deinen Niederlagen, wie jene Erzähler aus ihren Niederlagen gekommen sind. Ich verwickle mich in das Leben eines anderen, wenn ich seine Geschichte lese. Eine Erzählung lässt einen nicht unberührt, jedenfalls nicht ganz unberührt, es sei denn, sie ist schlecht. Selbst in den Erzählungen der grässlichsten Niederlagen sagt der Erzähler und hört der Hörer: Die Welt ist sagbar, man kann sie zur Sprache bringen. Die Welt ist lesbar. Sie ist nicht nur ein wirrer und zusammenhangloser Text. Wo nichts mehr zu erzählen ist, da ist die Lebenszuversicht endgültig gestorben. Das Verstummen ist die Sprache der Hoffnungslosigkeit. Solange einer spricht, glaubt er daran, dass es ein Gehör gibt und dass die Worte nicht in eisige Abgründe stürzen.

Viele Menschen haben heute nicht mehr als die Geschichten von glaubhaften anderen. Die systematischen Welterklärungen sind zerbrochen, die alten Traditionen sind für viele verstummt. Die Gruppen, die alte Erzählungen gehütet haben, werden weniger. Umso mehr hält man Ausschau nach Personen, deren Lebenserzählungen man trauen kann. Sicher, es ist zu wenig, den Zusammenhang der Welt aus der Geschichte von Personen zu lesen. Aber es ist wenigstens etwas, was Menschen hören können und – um ein altes Wort zu nennen – was sie erbaut. Vielleicht ersetzen heute die Biographien die alten Heiligenlegenden. So kann auch eine fremde Biographie ein Stück Befreiung bringen von der Tyrannei des Augenblicks und der dürftigen Hiesigkeit.

Die Erzählungen der Toten

Es erzählen nicht nur Personen mit ihrer Sprache. Die Straßennamen einer Stadt sind Erzählungen davon, was Menschen wichtig ist und woran sie erinnern wollen. Ihre Denkmale sind versteinerte Erzählungen. In Hamburg-Altona steht im Garten der Johanniskirche eine 1925 errichtete Stele als Kriegerdenkmal, die an die Toten eines Infanterieregiments aus dem Ersten Weltkrieg erinnert. Martialische Inschriften deuten den Tod der Soldaten und verherrlichen Krieg und Heldentum. Kniend hält ein Soldat ein riesiges Schwert. Das war die alte Erzählung vom Tod der Helden. »Niemand hat eine größere Liebe« als sie, die für Volk und Vaterland ihr Leben gelassen haben. Eine Gruppe in der Gemeinde bezweifelte diese alte Erzählung, und um das alte Denkmal wurden 1996 drei große gläserne Tafeln gestellt, die ausgemergelte, leidende Gestalten zeigen. Es sind keine Helden, es sind durch den Krieg geschundene Figuren, die an KZ-Häftlinge erinnern. Dies ist eine Gegenerzählung, die Krieg und Opfer nicht mehr verherrlicht, sondern von Schuld und Schrecken erzählt. Wie um viele Kriegerdenkmale gab es auch um dieses heftigen Streit, und gelegentlich wurden die Tafeln beschmutzt und zerstört.

Wie wichtig die Erzählungen über die Toten sind, die eine Gesellschaft überliefert, zeigt sich daran, wie umstritten sie sind. 1993 gedachten die Hamburger des vernichtenden Bombardements von 1943, der sogenannten Aktion Gomorrha, bei dem viele Tausende umgekommen sind. Die zentrale Gedächtnisfeier war ein Gottesdienst in der Michaeliskirche. Während des Gottesdienstes drang eine Gruppe von Studentinnen in die Kirche ein. Sie trugen Transparente, eines mit der Aufschrift: »Es gibt nichts zu trauern!«, ein anderes mit der Mahnung: »Denkt an die Toten von Auschwitz!«

Denkmale, Totenfeiern und die in ihnen enthaltenen Erzählungen leisten mehr, als nur die Erinnerung an die Toten wachzuhalten. Die Erzählungen über die Toten stehen für das, was die Lebenden wollen. Es sind Bestimmungen der Identität der Lebenden. Was man ist und was man will, wird darin deutlich, was man sich über die Toten erzählt und welcher Toten man sich erinnert. In beiden oben genannten Beispielen werden verschiedene Totengeschichten erzählt. Im Fall des Kriegerdenkmals erzählen die einen vom Heldentum der Toten, die anderen erzählen gegen die kriegerischen und heldischen Erinnerungen die Erinnerung der Opfer. Beide Erinnerungen enthalten einen moralischen Appell. Die Geschichte des sterbenden Helden wird erzählt »den künftigen Geschlechtern zur Nacheiferung«, wie es bei Kriegerdenkmalen oft heißt. Die dunklen Gestalten auf den Glasbildern fordern eine andere Moral; eine Moral, »den künftigen Geschlechtern« zur Vermeidung von Krieg und Gewalt erzählt. Die Erzählungen über die Toten verpflichten die Lebenden: »Mortui viventes obligant.« Wozu die Toten verpflichten, geht aus der Art der Erzählung über sie hervor.

Die orientalische Geschichtensammlung »Tausendundeine Nacht« ist die schönste Erzählung über den Sinn des Erzählens. Ein orientalischer König lässt seine Frau umbringen, die ihm untreu war. Er gibt seinem Wesir Anweisung, ihm jede Nacht eine Jungfrau zuzuführen, die er am nächsten Morgen umbringen lässt. Nach einiger Zeit will Scheherazade, die Tochter des Wesirs, das Morden beendet. Sie lässt sich dem König für eine Nacht zuführen. Sie erzählt dem Fürsten Geschichten, und am Ende der Nacht ist sie an einer so spannenden Stelle, dass der König sie leben lässt und die nächste Nacht auf die Fortsetzung der Geschichte wartet. Scheherazade erzählt tausendundeine Nacht lang. Danach ist der König versöhnt. Sie darf am Leben bleiben, und auch keine weitere Frau mehr ist in Gefahr. Erzählung als Lebensrettung – das Beste, was man vom Erzählen sagen kann.

Wie sichtbar darf der fremde Glaube sein?

In Deutschland leben etwa 4 Millionen Muslime. Die Hälfte von ihnen hat die deutsche Staatsangehörigkeit, 2,5 Millionen Menschen stammen aus der Türkei, die anderen vorrangig aus Südosteuropa und dem Nahen Osten. Dürfen die Menschen in unserem ohne Zweifel christlich geprägten Land sein, was sie sind: Muslime? Die meisten Deutschen werden diese Frage wohl bejahen. Darf ihre Religion öffentlich werden? Dürfen die Frauen Kopftücher tragen? Dürfen Moscheen gebaut werden, die die Sichtbarkeit des Islam herstellen? Dürfen diese Moscheen gar Minarette haben? Können die Feiertage der Muslime eine öffentliche Bedeutung und einen sichtbaren Platz haben? Da bin ich mir nicht so sicher, wie die Menschen unseres Landes entschieden, wenn es wie in der Schweiz im vergangenen Jahr zu einer Abstimmung käme. Dort jedenfalls hat die Bevölkerung zu 58% gegen die Minarette, also gegen die Sichtbarkeit des Islam gestimmt.

Ein Mittel, einer Idee, einer Gruppe oder einer Religion die Legitimität abzusprechen, ist, ihr die Sichtbarkeit und die Öffentlichkeit zu verweigern. Ein Beispiel verweigerter Öffentlichkeit ist die Sprengung der Paulinerkirche in Leipzig 1960. Dies ist der bekannteste Fall einer Kirchensprengung in der DDR, aber es hat viele andere Fälle gegeben. Nach innen, in ihren Gottesdiensten hatten die Gemeinden ziemlich freie Hand. Die öffentliche Sprache und das öffentliche Auftreten aber sollte nach Möglichkeit unterbunden werden. Unsichtbare Kirchen stören nicht.

Den Streit um den anderen Glauben und seine Sichtbarkeit hat es bis in die allerjüngste Zeit auch unter Christen gegeben. Protestanten, die es seit der Reformation im katholischen Salzburg gegeben hatte, hatten es dort immer schwer, und sie durften natürlich keine Kirche bauen. Sie wurden verfolgt und des Landes verwiesen. Die letzten

Protestanten der Erzdiözese Salzburg wurden noch 1837 aus dem Tiroler Zillertal vertrieben. In der Lutherstadt Hamburg durften Katholiken lange Zeit keine als solche kenntliche Kirche bauen. Die Kirche wurde dann außerhalb Hamburgs auf der Großen Freiheit gebaut. Freiheit war dort, weil den Katholiken an dieser Stelle die Sichtbarkeit erlaubt war. Im katholischen Köln durften Protestanten im Inneren der alten Stadt nicht sichtbar sein. Die erste Kirche wurde auf der anderen Rheinseite gebaut, eben auf der Deutzer Freiheit. Im lutherischen Lübeck durften die Reformierten als Kirche nicht sichtbar sein. Der Kirchbau wurde erlaubt, aber die Kirche sollte nur aussehen wie die üblichen Bürgerhäuser. Und so kann man bis heute jene Reformierte Kirche kaum als Kirche erkennen. 1951 wurde in Zürich die katholische Dreikönigskirche eingeweiht. Sie besitzt bis heute keinen Glockenturm, weil die städtische Gemeinde nur eine Kirche ohne Turm und Glocken duldete. Im Grundbucheintrag der Liegenschaft jener Gemeinde heißt es, »dass dieses Land nicht für katholische Zwecke« überbaut werden dürfe. Wir schütteln heute den Kopf über diese Unvernunft. Worüber werden unsere Kinder den Kopf schütteln?

Wem man die Sichtbarkeit verbietet, dem verbietet man die Existenz. Warum ist die Sichtbarkeit für eine Idee und einen Glauben wichtig? Man wird auch zu dem, als der man sich vor anderen zeigt und bezeugt. Man ist der, als der man gesehen und wahrgenommen wird, und man kann sich nicht in seinen Absichten, Wünschen und Optionen verbergen, ohne dass diese nicht selbst verblassen. Ein Glaube braucht Öffentlichkeit, die Präsenz des Geistes braucht Repräsentation. Wenn man sich nicht zeigt, weiß man nicht, wer man ist. Religiöse Gebäude sind also immer »Konfessionsgebäude«. Sie sind ein steinernes Glaubensbekenntnis. Natürlich kann man auch einen falschen Glauben bekennen, und die Gebäude werden damit gefährlich, wie auch viele Kirchen gefährliche Demonstrationen von Macht und Überlegenheit über andere waren. Das aber ändert nichts an dem grundsätzlichen Gedanken, dass das Recht auf Öffentlichkeit ein Grundrecht religiöser Freiheit ist. So hat der liberale säkulare Staat, in dem wir leben und der religiös neutral ist, nicht nur die Freiheit eines Bekenntnisses zu schützen, sonder auch die Freiheit der öffentlichen Darstellung eines Bekenntnisses.

Warum bestreitet eine religiöse Gruppe der anderen ihr Lebensrecht? Es ist ihr Zwang zur Einzigartigkeit. Die Grundgefahr religiöser Systeme ist, dass sie sich nicht endlich denken können. Sie sind immer in der Gefahr, sich selber Gottesprädikate zuzulegen: sie sind die allein Seligmachenden, außerhalb von ihnen gibt es kein Heil, sie sind die Wahren, und außerhalb von ihnen ist nur Lüge und Abfall. Ihre Gefahr ist, die Welt zu säubern von den Andersheiten. Der Zwang zur Einstimmigkeit lässt sie nur schwer Fremdheiten denken und dulden. Der Verlust der Endlichkeit ist der Verlust der Geschwisterlichkeit. Nur Wesen, die sich als endlich begreifen, sind geschwisterliche Wesen. Sich für einzigartig zu halten, heißt immer, bereit sein zum Eliminieren. Die Anerkennung von Pluralität ist die Grundbedingung menschlicher Existenz, so ungefähr hat es Hannah Arendt formuliert. Ich wünsche mir eine Kirche und religiöse Gruppen von radikaler Deutlichkeit, die ihre eigenen Traditionen, Geschichten und Lieder kennen und nicht verschweigen. Ich wünsche mir religiöse Gruppen mit Konturen. Zugleich wünsche ich mir eine Religion, die Gott unendlich sein lässt und auf ihre eigene Unendlichkeit verzichtet. Erst sie ist fähig zum Zwiegespräch. Selbstverständlich ist eine solche Kirche eine Missionskirche. Mission heißt, zeigen wer man ist und was man liebt. Gesicht zeigen, heißt Gesicht gewinnen.

Ich wünsche uns den Mut zur Endlichkeit. Ich wünsche uns die Gnade der Endlichkeit. Sie erleichtert uns das Leben. Wir als Einzelne, wir als religiöse Gruppe, wir als Nation sind nicht die Garanten der Welt. Wir sind nicht der

Grund des Lebens, das ist Gott, in ihm sind das Leben und die Wahrheit begründet. So können wir Fragment sein, auch als religiöse Gruppe. Welche Lebensleichtigkeit, dass wir nicht alles sein müssen! In uns muss nicht die ganze Wahrheit zu finden sein. An unserem Wesen muss die Welt nicht genesen. Ein von den Nazis missbrauchter Satz von Emanuel Geibel hieß: Am deutschen Wesen mag die Welt genesen. Welche Aggression mit solchen Sätzen verbunden war, haben wir in Erinnerung. Wir können uns als religiöse Gruppe die Freiheit nehmen, nicht absolut zu sein. Damit sind wir von der Last der Einzigartigkeit befreit. Und das ist dann zugleich der Lebensraum für andere; für andere Wahrheiten, andere Lebensentwürfe, andere Hoffnungen. Ich bin einer unter vielen, mein Glaube ist einer unter vielen, mein Land ist eines unter vielen. Das drückt nicht meinen Mangel und meine Geringfügigkeit aus. Alle Lebensdialekte stammen von der einen Grundsprache des Lebens. So gilt beides: Der andere Glaube ist anders als meiner, und ich kann ihm seine Andersheit lassen. Er ist mir gleich, denn wir haben den gleichen Ursprung des Lebens. Andere Lebensentwürfe, andere Hautfarben, andere Religionen brauchen also nicht auf dem Altar meiner eigenen Wahrheit geopfert zu werden. Die Menschen im anderen Glauben sind meine Geschwister – Menschen wie ich und Menschen anders als ich. Gott spricht in Dialekten. Im jüdischen Talmud heißt es: »Die Sprache des einen und die Sprache des anderen ist die Sprache des lebendigen Gottes.« Und der jüdische Philosoph Levinas: »Die Sprache Gottes ist eine mehrzahlige Sprache.«

Das Bewusstsein der eigenen Endlichkeit als Freiheitsbewusstsein, die Gelassenheit und die Gewaltlosigkeit dem anderen Leben gegenüber stammen aus der Gewissheit, dass man selber kein Niemand ist. Die Güte hat uns ins Leben gerufen und uns unsere Wahrheit geschenkt. Ich vermute, dass Toleranz nur da gelingt, wo man sich seiner selbst halbwegs gewiss ist. Man muss wissen, woher man kommt und wer man ist; man muss die eigenen Geschichten und die eigenen Lieder kennen. Es gibt eine hinfällige Toleranz, die aus resignativer Selbstschwäche entsteht; die aus dem Bewusstsein entsteht, es rentiere sich nicht, gegen etwas zu sein, weil man sich selbst verschwommen ist und weil man verzweifelt ist an der Erkennbarkeit der Wahrheit. Eine auf andere wirklich bezogene, eine dialogische und starke Toleranz setzt Lebensgewissheit voraus; setzt also voraus, dass man sich selber kenntlich ist. Zur dialogischen Toleranz gehören Partner, die voneinander verschieden sind, die Eigentümlichkeiten haben und deren Grenzen erkennbar sind. Der symbiotische Wunsch, alle Grenzen niederzureißen unter Verleugnung aller Unterschiede, zerstört die Dialogfähigkeit. Man muss jemand sein, um sich zu jemandem verhalten zu können. Auch das freundlichste Un-Wesen ist in der Gefahr, ein Unwesen für die anderen zu werden. Das sehen wir in Deutschland bei der Jugendgewalt. Sie ist sicher auch selbstdefinitorisch, d. h. man sagt sich seine Einzigartigkeit; man sagt sich, wer man ist, indem man andere zu Opfern macht. Man kann nur auf diese expressive Gewalt verzichten und abrüsten, wenn man weiß, wer man ist.

Nun habe ich nicht nur ein Problem mit religiöser Enge und mit einem Einmaligkeitsfanatismus. Ich habe auch Probleme mit den interreligiösen Flanierern und mit gewissen Dialogzwängen. Ein erstes Beispiel: Eine evangelische Gemeinde hat in einem Jahr nicht den Karfreitag gefeiert mit seinen Traditionen und Liedern. Sie hat stattdessen die jüdische Pessahliturgie gefeiert. Ein jüdischer Theologe und Freund hat mir darauf gesagt: Seit ihr uns nicht mehr umbringt, seid ihr nicht mehr aus unseren Vorgärten zu vertreiben. Ein zweites Beispiel, eine Ostertagung in einer christlichen Akademie. Am Gründonnerstag: ein jüdisches Seder-Mahl; anschließend Feier der buddhistischen Liturgie »Tor des süßen Nektars«. Am nächsten Tag, am Karfreitag: »Ahnenreise« – Feier einer schamanischen

Liturgie, danach noch ein »Kreuzweg ins Licht«. Das nun ist Schwachsinn pur! Man kann nicht ständig alle Dialekte vermischen. Je selbstverständlicher wir anderen ihre Selbstverständlichkeit lassen, umso weniger brauchen wir dauernd beieinanderzuhocken. Wir sind nicht die anderen. Die anderen sind nicht wir. Unsere Verschiedenheit ist unser gemeinsamer Reichtum.

Wer weiß, wer er ist, weiß auch, wer er nicht ist. Es gibt Grenzen, die zu respektieren sind, wenn man sich nicht in einem Allgemeinen und Abstrakten verlieren will. Grenzen müssen ja nicht feindlich sein. Sie stören das Gespräch nicht, sie ermöglichen es. Man muss einer sein, um jemandem begegnen zu können. Man muss eine Sprache haben, um mit anderen sprechen zu können. Ein religiöses Esperanto gibt es nicht. Warum eigentlich sollen die verschiedenen religiösen Gruppen ständig im Gespräch sein? Wenn sie einander schätzen; wenn sie einander das Lebensrecht nicht absprechen, können sie sich doch auch in Ruhe lassen. Sie können einander ihre Andersheit und ihr Geheimnis lassen. Sie müssen nicht familiär miteinander sein.

Es gibt das Problem der Flucht in die Fremde, weil man dem eigenen Reichtum nicht traut, weil man ihn nicht kennt und weil man nicht gelernt hat, ihn schön zu finden. Die Voraussetzung eines jeden interreligiösen Gespräches ist die Fähigkeit, die eigenen Schätze zu lieben und charmant zu finden. Wenn ich in einem theologischen Seminar das Koan lobe, jene kurze Anekdote oder Sentenz, die eine beispiel- oder lehrhafte Handlung oder pointierte Aussage eines Zen-Meisters bedeutet, finde ich meistens offene Ohren und leuchtende Augen. Wenn ich dagegen die Losungen empfehle, ein dem Koan ähnliches geistliches Gestaltungselement, kommt es eher zu einem großen Gähnen. Wie kann jemand mit uns reden wollen, wenn er merkt, dass wir nicht lieben, was wir haben? Vielleicht sind wir verbildet, weil wir immer nur gelernt haben, etwas richtig oder falsch zu finden. Wir haben nicht gelernt, etwas schön zu finden. Den Charme des eigenen Glaubens zu zeigen ist die Voraussetzung eines interreligiösen Gesprächs. Wir erwarten es von einem Buddhisten, dass er zeigt, worin er verliebt ist. Ein Buddhist, der vor seinen eigenen Schätzen flüchtet, wäre kein interessanter Gesprächspartner. Ein Christ, der dies tut, ist es auch nicht. Interreligiöses Gespräch heißt, sich gegenseitig zeigen, was man charmant findet. So würde ich auch Mission definieren: Zeigen, was man liebt und was man charmant findet. Miteinander sprechen heißt sich sichtbar machen und die Sichtbarkeit des anderen zulassen.

Wir sind nicht alles, wir sind endlich als Christen, als Jüdinnen, als Muslime und als Buddhistinnen. Wir sind nicht alles, aber wir sind lebendiger Teil von allem, und wir sind wahrheitsfähig. Aus dieser Gewissheit müsste man auch miteinander streiten können. Ökumene heißt nicht die geglückte Selbstliquidation in ein Allgemeines. Wir sollen nicht in ein blasses Allgemeines von Gesinnung, Lebensauffassung und Expression verschwimmen. Der Dialog soll jedem zu seiner geläuterten Eigentümlichkeit verhelfen. Ökumene heißt nicht nur, dass ich geduldet bin mit meiner Wahrheit, sondern dass ich nicht im Stich gelassen werde von der Wahrheit der anderen. Ich bin Fragment, ich weiß etwas, aber ich weiß nicht alles. So brauche ich die Korrektur und die Ergänzung durch die Wahrheit der anderen. Dialogische Ökumene, wenn sie nicht verzweifelt und wahrheitsdefätistisch ist, sucht den anderen auf, sie lernt, lehrt und streitet. Die Wahrheit entsteht und kommt voran im Gespräch der Geschwister. Sich selber sowohl für wahrheitsfähig als auch für irrtumsfähig zu halten; die anderen sowohl für wahrheitsfähig als auch für irrtumsfähig zu halten, das ist eine Eigenart dialogischer Ökumene. Wo man ins Gespräch kommt, da stoßen Wahrheiten und Irrtümer aufeinander, da gibt es Auseinandersetzungen, da gibt es Streit. Der Streit ist ein Mittel, die Wahrheit zu ermitteln, aber nur unter der Bedingung, dass Menschen ihn austragen, die strikt auf Gewalt verzichten. Wir leiden nicht nur an Intoleranz, wir leiden auch an Harmoniediktaten und an Einigkeitssüchten, die die Wahrheit vernachlässigen. Der Streit verträgt das Licht der Öffentlichkeit, wo auf Gewalt verzichtet wird und wo nicht Schmähung, sondern Verständigung Ziel ist.

Eine praktische Streitfrage: Können Kirchen, die von Christen aufgegeben werden, Moscheen werden? Es ist eine Testfrage an die Glaubwürdigkeit des Dialogs. Ich wurde in diesem Streit gefragt, ob ich wisse, wie engherzig Christen in islamischen Ländern behandelt werden. Ich wurde gefragt, ob ich mir vorstellen könne, dass Muslime den Christen eine Moschee für ihre Gottesdienste zur Verfügung stellen. Ja, ich kenne die Intoleranz vieler islamischen Gruppen und Länder. Nein, ich kann mir nicht vorstellen, dass Christen in Moscheen beten dürfen. Aber es fällt mir nicht ein, die Intoleranz dieser Gruppen und Länder zum Maßstab meiner Toleranz zu machen. Die katholische deutsche Bischofskonferenz hat es beim Schweizer Minarettstreit so formuliert: »Gerade weil wir Christen die Einschränkungen der Religionsfreiheit in muslimisch geprägten Ländern ablehnen und verurteilen, setzen wir uns nicht nur für die Rechte der dortigen Christen ein, sondern auch für die Rechte der Muslime bei uns.« »Wir dürfen unsere Kirchen nicht preisgeben!«, sagte ein Bischof in dem Streit um die Benutzung einer aufgegebenen Kirche durch Muslime. Ja, geben wir sie denn preis, wenn wir unser Haus anderen Weisen des Glaubens leihen, das wir selber nicht mehr brauchen? Könnte es sein, dass nicht nur der Islam intolerant ist, sondern dass wir auch als Christen und als Kirchen unsere eigene Endlichkeit noch nicht erkannt und respektiert haben? Noch einmal: Nur Gruppen, die sich ihrer Begrenztheit bewusst sind, können geschwisterlich miteinander umgehen. Toleranz heißt nicht nur, den anderen und die anderen Gruppen ihre Wege gehen lassen. Es heißt auch, die anderen nicht im Stich lassen.

Hirsau ist ein kleiner Ort nahe Calw im Schwarzwald. Seit Mitte des 9. Jahrhunderts war es ein zentraler Ort christlich-benediktinischen Geistes. Die Ruinen des Klosters St. Peter und Paul sah ich dort, den gut erkennbaren Grundriss der großen Klosterkirche, und ich sah die bewegend schöne Kirche St. Aurelius, die nur noch in ihrem Langhaus erhalten ist. Im Gespräch wurde ich gefragt: »Können Sie wünschen, dass an diesem Ort christlichen Ursprungs ein Minarett gebaut wird?« Ich fühlte, dass ich dies nicht wünsche. Es muss ja auch nicht sein. Schließlich will ich ja auch nicht unbedingt eine Kirche in Mekka mit einem hohen Turm. Aber es gibt an diesem Ort eine muslimische Gemeinde. Auch sie hat Wünsche, und so würde ich nicht gegen ein Minarett in Hirsau stimmen. Aber es würde mich schmerzen, wenn es dort entstände. Es gibt den Schmerz der Endlichkeit; den Schmerz darüber, dass wir auch an diesem urchristlichen Ort nicht mehr allein sind. Ich brauche diesen Schmerz nicht zu verleugnen. Die anderen anders sein und leben zu lassen, ist nicht leicht. Aber mein Schmerz gibt mir nicht das Recht, anderen Schmerzen zuzufügen. Übrigens ist dieser Ort auch ein Beispiel muslimischen Großmuts. Weil es ein so bedeutender Ort christlicher Geschichte ist, hat die muslimische Gemeinde auf das Minarett verzichtet.

Zeichen und Zeichenlosigkeit
DIE FÄHIGKEIT, IN WIDERSPRÜCHEN ZU LEBEN

Im saarländischen Marpingen waren am 16. Oktober 1999 25000 Menschen zusammen, die auf die Marienerscheinung warteten, die von drei Seherinnen angekündigt war. Geduldig warteten sie in der Kälte auf den Auftritt der drei jungen Frauen, denen am Vormittag an verschiedenen Orten die Muttergottes erschienen sein soll. Viele der Gläubigen vernahmen bei der Erscheinung einen starken Rosenduft in der Luft. Es waren alte und junge Menschen da, gutbürgerliche Typen und Junkies. Was erwarteten sie? Die einen *Zeichen*, die anderen *Heilung*, die anderen *Sensationen*. Es sind verständliche Wünsche.

Der Wunsch nach Sensation: Viele Menschen halten offensichtlich die Normalität nicht mehr aus; die ausgeleuchteten Räume, in denen alles seine Erklärung und seine vernünftige Begründung hat. Es ist, als ob sie gegen alle Vernunft die Schatten, die dunklen und gefährlichen Höhlen des Lebens suchten. Was uns da im hellen Licht der Aufgeklärtheit entgegenkommt, kann doch nicht alles sein. Es muss doch ein Geheimnis der Welt geben! Es muss doch mehr geben als die fade Aufgedecktheit und Erklärtheit des Lebens! So suchen sie Stellen, an denen das Fremde und Nicht-Erklärliche erscheint; es mag aus dem Himmel oder aus der Hölle kommen. Ich vermute, dass sich für solche Sehnsüchte Satansmessen und Marienerscheinungen nicht wesentlich unterscheiden. Die Aufklärung war als Ausgang des Menschen aus der selbstverschuldeten Unmündigkeit unsere große Befreiung, und sie hat das Leben für viele lebbarer gemacht. Aber die Beschränkung des Geistes auf Erklärlichkeiten und auf lösbare Fragen; die Eindimensionalität des Denkens und der Verzicht auf das Geheimnis lassen uns offensichtlich tief unbefriedigt. So ist die Suche nach der Sensation ein Wunsch von verdrehter Richtigkeit.

Der Wunsch nach dem Zeichen: Auch dies ein verständlicher Wunsch. Der Himmel soll nicht verschlossen sein, und das Leben soll nicht ungedeutet bleiben. Die Welt soll lesbar sein, und das Leben soll nicht aus dumpfen Zufälligkeiten bestehen. Die Zeichen machen die Welt und den Lebensweg erklärbar. Die Bibel ist voll von Wünschen nach einem Zeichen: Als Gideon zum Richter im Land bestellt wird, erbittet er von Gott ein Zeichen: »Mache mir doch ein Zeichen, dass du es bist, der mit mir redet!« Der König Hiskia erbittet von Gott ein Zeichen dafür, dass er aus seiner schweren Krankheit genesen wird. Der Schatten der Sonnenuhr geht zum Zeichen zehn Striche rückwärts. Ahas soll sich ein Zeichen dafür wünschen, dass die Ansage des Propheten von Gott kommt. Besonders im alten Testament also werden selbstverständlich Zeichen erbeten und werden sie gewährt. Es werden die Zeiten beklagt, in denen der Himmel ohne Zeichen bleibt. Auch die Wunder des Neuen Testaments sind vor allem Zeichen; Zeichen der neuen Welt, der Messianität Christi, des nahe gekommenen Reiches Gottes.

Der Wunsch nach Heilung: Der Wunsch, ganz zu sein, ist der verständlichste Wunsch – ganz an Leib, Seele und Geist. Überall wo die Ganzheit des Menschen gefährdet ist; wo der Mensch im Glück oder im Unglück – in der Trauer, in der Krankheit, in der Nähe des Todes, in der Liebe, im Gelingen – auf die Mitte seiner Existenz stößt; da springt seine Sprache ins Unsagbare; da rechnet seine Sprache schon vor seinem Glauben mit dem Wunder. Sie wird wundersüchtig, offen und zum Tanz der Wünsche.

Wir finden im Neuen Testament nicht nur die Berichte über die Wunder Jesu, die Zeichen des anbrechenden Reiches sind. Wir finden ebenso die Kritik an der Wundersehnsucht. Vor dem öffentlichen Wirken Jesu wird er vom Geist in die Wüste geführt, und nach 40 Fastentagen wird er vom Satan versucht. Ihn hungert, und der Versucher schlägt ihm vor: Wenn du der Sohn Gottes bist, so sprich, dass diese Steine Brot werden. Und in der zweiten Versuchung, zu der ihn der Satan mitnahm auf die Zinne des Tempels: Bist du der Sohn Gottes, so wirf dich in die Tiefe. Denn es steht geschrieben: Er wird seinen Engeln deinetwegen Befehl geben, und sie werden dich auf den Händen tragen, damit du deinen Fuß nicht an einen Stein stößt. Die Erwartung des rettenden Wunders, das den Hunger stillt oder das Jesus vor dem Zerschellen bewahrt, wird als Versuchung interpretiert. Die Berichte des Neuen Testaments sind widersprüchlich. Zeichen werden gegeben, und Zeichenforderungen werden abgelehnt. Die Rettung des Menschen aus Krankheit, Blindheit, Lahmheit werden als Zeichen des einbrechenden Reiches Gottes gegeben. Es werden die Gegner Jesu kritisiert, weil sie nicht glauben, »obwohl er solche Zeichen getan hat« (Jo 12,37). Zugleich wird der Glaube kritisiert, der sich auf Zeichen und Wunder aufbaut: »Wenn ihr nicht Zeichen und Wunder seht, so glaubt ihr nicht« (Jo 4,48). Es wird der Glaube kritisiert, der Gott im Gelingen, im Triumph und in der Unverwundetheit erkennen und am Werk sehen will. Bis zur Kreuzigung wird diese Gleichsetzung von Gotteskraft und Unverwundbarkeit deutlich. Die Kreuze werden aufgerichtet, und die vorübergingen, lästerten Jesus: »Rette dich selbst, wenn du der Sohn Gottes bist! Steige herab vom Kreuz! Andere hat er gerettet, sich selbst kann er nicht retten. Er ist der König Israels. Jetzt steige er herab vom Kreuz, dann wollen wir an ihn glauben« (Mt 27,42).

Gott ist kenntlich geworden in Christus. Er heißt »Der, an dem keine Wunder geschehen«. Meine eigene Wunderkritik kommt aus der Mitte dieses Gottesbildes. Es mag sein, dass gelegentlich ein Naturgesetz durchbrochen wird und ein Mensch Gesundheit auf geheimnisvolle Weise erlangt. Viel öfter aber bleiben die Wunder aus. Ein Wunder mag geschehen, theologisch interessiert es mich nicht. Viel mehr interessiert mich der wunderlose Glaube, der es fertigbringt, sich durch die Wüsten zu schleppen, und der doch die Hoffnung nicht aufgibt, dass das Leben nicht in eisige Abgründe stürzt.

Ich möchte die Skepsis Wundern gegenüber loben, die Erich Fromm aus rabbinischen Geschichten in seinem Buch »Psychoanalyse und Religion« zitiert:

»Einige rabbinische Gelehrte waren nicht einverstanden mit der Auffassung des Rabbi Elieser vom Ritualgesetz. Rabbi Elieser sagte: ›Wenn das Gesetz so ist, wie ich glaube, dann soll dieser Baum es uns sagen.‹ Worauf der Baum hundert Ellen weit von seinem Platz sprang. Seine Amtsbrüder sagten ihm: ›Man beweist nichts mit einem Baum.‹ Er erwiderte: ›Wenn ich recht habe, soll dieser Bach es sagen.‹ Worauf der Bach stromaufwärts floss. Seine Amtsbrüder entgegneten: ›Man beweist nichts mit einem Bach.‹ Er fuhr fort: ›Wenn das Gesetz so ist, wie ich glaube, sollen diese Wände es bezeugen.‹ Worauf die Wände einzustürzen begannen. Aber Rabbi Josua schrie die Wände an und sagte: ›Wenn Gelehrte sich über eine Gesetzesfrage streiten, wozu habt ihr da einzustürzen?‹ Aus Achtung vor Rabbi Josua stürzten die Wände nicht weiter ein, aber aus Achtung für Rabbi Elieser richteten sie sich auch nicht wieder auf. Und so stehen sie noch heute. Doch Rabbi Elieser nahm das Gespräch wieder auf. ›Wenn das Gesetz so ist, wie ich denke, dann soll es uns vom Himmel gesagt werden.‹ Worauf eine Stimme vom Himmel sprach: ›Was habt ihr gegen Rabbi Elieser, weil das Gesetz so ist, wie er sagt?‹ Worauf Rabbi Josua sich erhob und sagte: ›In der Schrift steht: Das Gesetz ist nicht im Himmel. Was soll das heißen? Nach Rabbi Jirmjahu bedeutet es, seit die Thora auf dem Berge Sinai gegeben wurde, achten wir nicht mehr auf die Stimmen vom Himmel, weil geschrieben steht: Ihr sollt nach der mehrheitlichen Meinung beschließen. Dann geschah es, dass Rabbi Nathan den Propheten Elija traf, und er fragte den Propheten: 'Was hat Gott selber gesagt, als wir diesen Streit hatten?' Der Prophet gab zur Antwort:

'Gott lächelte und sagte: Meine Kinder haben gewonnen, meine Kinder haben gewonnen.'‹«

Diese Geschichte drückt meine Haltung zum Wunder aus: Es mögen außerordentliche Dinge geschehen, die wie das unmittelbare Eingreifen übernatürlicher Mächte aussehen, vielleicht sogar das Eingreifen solcher Mächte sind, aber sie sind nicht relevant. Sie beweisen nichts. Im Gegenteil: Wenn es solche Stellen gibt, dann wäre das die eigentliche Infragestellung des Glaubens; dann erhebt sich noch viel dringlicher die Frage, warum das Wunder ausbleibt; warum die Blinden blind bleiben; warum die Lahmen lahm und warum die KZ-Schlächter nicht plötzlich tot umgefallen sind.

Wunder ist, was wir als Wunder interpretieren. Vielleicht gibt es für bestimmte Ereignisse in unserem Leben keine bessere Bezeichnung als das Wort Wunder. Es gibt in bestimmten Erfahrungen Verdichtungen unserer Existenz, in denen wir die Stimmigkeit des Lebens erfahren, wenigstens für Stunden, wenigstens für Minuten. Es sind Erfahrungen der Liebe, der Sexualität, des Gelingens eines Werks, der Bekehrung, der Heilung, der Schönheit der Natur, der Musik. Es sind Zeiten oder Augenblicke, in denen man ein ungeteiltes Ja zum Leben sagen möchte ohne jedes Aber. Es sind Zeiten der Einigung mit dem Leben. Solche Zeiten wirken in der Tat Wunder. Sie heilen den Geist, das Gemüt und sicher auch den Leib. Die Seele hat nicht einen Leib, sondern der Leib ist die Figur der Seele. Das Gegenteil hiervon ist uns allen selbstverständlich: wenn ein Mensch sein Leben nicht mehr zusammenbringt; wenn er aus den Zusammenhängen gerät und wenn er Güte und Lebenssinn in nichts mehr hineinlesen kann und wenn er seinen Lebensglauben verloren hat, dann wird er unglücklich, gewalttätig oder auch physisch krank. Der Unglaube macht krank, und der Glaube heilt. Glaube ist hier durchaus nicht nur im religiösen Sinn zu verstehen. Nicht-Glauben heißt viel allgemeiner: keinen Lebensentwurf haben, keine Lebensoptionen und keine Lebensliebe kennen. An einer Stelle heißt es von Jesus: Hier konnte er keine Wunder tun, weil sie nicht glaubten. Sie konnten nicht geheilt werden, weil sie nicht glaubten. Und an anderer Stelle heißt es nach einem Wunder: Dein Glaube hat dich gesund gemacht. Die Kraft liegt also nicht beim Wundertäter, sondern bei dem Kranken, dem Sehnsüchtigen, der die Fähigkeit hat, sein Leben als heil und als gut zu lesen. »Das Wunder ist des Glaubens liebstes Kind« (Goethe).

Wo Menschen die Mirakelwünsche aufgeben, wächst vielleicht ihre Fähigkeit des Staunens und der Verwunderung im alltäglichen Leben – darüber, dass eine Liebe gelingt; eine Freundschaft besteht; ein Blutsauger sich bekehrt; einem Schuldigen Vergebung gewährt wird; darüber dass man wieder atmen kann nach Todesnächten. Das Erstaunen und die Verwunderung ist wie eine Neuerschaffung der Welt und des Lebens; eine Schöpfung, die wir nun dem Leben schuldig sind, nachdem Gott es erschaffen hat.

Auch Schmuddelkinder haben Träume

Ich versuche, rechtsradikale Jugendliche zu verstehen, nicht, sie zu billigen. »Spiel nicht mit den Schmuddelkindern, sing nicht ihre Lieder!«, hat Degenhardt in den 60er Jahren gedichtet. Ist nicht schon das Wort Schmuddelkinder eine Verharmlosung des Problems? Die Schmuddelkinder, die eigentlich sehr nett, wenn auch etwas schmuddlig sind? Dagegen die aus der Oberstadt: arrogant, gut gewaschen, gut erzogen und auf guten Schulen? Die Arroganz der Oberstadt-Leute will ich nicht bestreiten. Ich bestreite nicht die Apartheidsinteressen der Oberstadtleute; die Apartheid, die für diese so apart ist. Sie stört ihre Interessen, ihre besseren Schulen, ihre saubereren Straßen und ihr besseres Einkommen nicht. Aber ich kann die Schmuddelkinder nicht verharmlosen. Die Gewalt, die ihnen angetan wird, kehren sie um in eine Gewalt gegen alles. »Was wir hier zusammen machen?«, sagen Jugendliche aus Berlin. »Wir ziehen an einem Tag los, erstmal anständig saufen, und dann gehen wir klatschen. Irgendeinen Typen, der hier vorbeikommt. Zusammenschlagen, auseinandernehmen!« Nein, ich habe keine Sympathie für sie, wenn sie Behinderte auf die Straße werfen; wenn sie Ausländern ihre Bierflaschen auf den Kopf schlagen und wenn sie Frauen anpöbeln. Zwar sind sie nicht so gefährlich wie die, die ihre Millionen in Liechtenstein verstecken. Das sind die größeren Verbrecher, aber die kleinen Verbrecher sind gefährlich genug. Ich billige nicht ihren Kult der Kaputtheit. Ich billige nicht ihre Mystik der Gewalt. Ich billige nicht, wie sie sich erbärmlich aufplustern. Aber sie haben ein Recht darauf, dass ich etwas von ihnen verstehe.

Als Erstes will ich verstehen, dass sie Menschen sind. Darum werde ich sie nicht Glatzen nennen. Ich werde nicht vom Abschaum der Menschheit sprechen. Wenn man jemanden eliminieren will, muss man ihm zuerst den Menschennamen absprechen, wie die Nazis die Behinderten erst Minusvarianten genannt haben, ehe sie vernichtbar waren; wie sie die Juden erst Parasiten am Volkskörper genannt haben, ehe sie erstickt wurden. Man kann nicht ohne weiteres physisch ausrotten. Man muss erst eine Sprache erfinden, die die Ausrottung selbstverständlich macht und rechtfertigt.

Ich will verstehen, dass sie Menschen sind; dass sie bluten, wenn man sie sticht; dass sie sich verlieben können; dass sie einsam sein können und Zahnschmerzen haben wie alle anderen auch. Die erste Tötungshemmung besteht in der Erkenntnis, dass der andere ist, wie ich selber bin.

Ich will das Verhalten der jungen Menschen verstehen, die mir so fremd sind. Ich will gegen mein eigenes Herz eine Lesart ihres Verhaltens versuchen, die sie nicht der Vernichtung und der Verachtung frei gibt. Ich versuche ihr Verhalten wie verstümmelte Wünsche zu lesen. Ist das naiv und blind? Besser jedenfalls scheint mir diese lebenserhaltende Blindheit als eine vernichtungssüchtige Hellsichtigkeit. Wie lese ich ihre Wünsche?

Ein erster Wunsch: Sie wollen zur Kenntnis genommen werden. Darum plustern sie sich so auf, sind laut, tun sich so erbärmlich dicke, und darum ärgert man sie, wenn man sie nicht beachtet. Sie wollen Aufmerksamkeit erregen. Es ist dies ein Grundwunsch an das Leben, sichtbar zu sein und gesehen zu werden. Niemand will im Schatten versteckt bleiben. Man ist auch, sofern man gesehen und wahrgenommen wird. Was aber wird aus Menschen, deren Existenz zu unbedeutend erscheint, als dass man sie beachtet? Sie verkümmern und wissen selbst nicht mehr, wer sie sind, oder sie nehmen sich gewaltsam die Öffentlichkeit, die man ihnen verweigert.

Ihr zweiter Wunsch: Sie wollen irgendwo hingehören. Darum machen sie sich einander so ähnlich. Sie sprechen eine ähnliche Sprache, sie kleiden sich ähnlich; sie statten sich mit erbärmlich ähnlichen Symbolen aus: mit Springerstiefeln, mit klirrenden Ketten, mit Frisuren, an denen sie sich erkennen; sie sind an ähnlichen Orten zu finden, sie denken ähnlich über die Gesellschaft, die Schulen, die Arbeit, die Frauen und die Fremden. Sie wollen Zugehörigkeit. Das ist einer der verständlichsten Wünsche. »Allein bist du klein« ist nicht nur eine politische Wahrheit, es ist eine Menschheitswahrheit. Wir sind nicht dazu geschaffen, in einsamer Meisterschaft mit uns selbst fertig zu werden. Was aber, wenn die Orte der Zugehörigkeiten zerfallen? – Die Familien, das Dorf, der Stadtteil, die Solidaritäten am Arbeitsplatz. Was ist, wenn Menschen keinen Ort haben, an dem sie den Trost und die Solidarität von anderen erfahren? Was, wenn sie keine anderen mehr finden, für die sie leben und sich einsetzen können?

Ihr dritter Wunsch: Sie wollen sich fühlen. Der Wunsch nach Sensation und der Wunsch, sich selber zu fühlen, sind eine Grundabsicht, die man in den Szenen – auch in den religiösen – ständig trifft.

Unsere Lebensräume in dieser Ersten, wohlhabenden Welt sind erfahrungsarm geworden, es sind temperierte Räume. Wir werden kaum einmal bis auf die Haut nass. Wir sind nicht bedrängt von Kälte und Hitze. Wir wissen kaum noch, was Hunger und Durst sind. Wir wissen nicht mehr, was eine Dunkelheit ist, bei der man die Hand vor den Augen nicht sieht. Man erfährt kaum eine vollkommene Stille. Vermutlich sind auch unsere erotischen Erfahrungen gedämpfter, als sie früher waren. Wir erleben wohl weniger Glück und weniger Verzweiflung als in jenen Zeiten, in denen Menschen schutzloser waren gegen die Natur und gegen sich selber. Vielleicht bezahlen wir den Fortschritt der Freiheit und des Behagens mit einer Art narkotischem Gefühl der Welt und dem Leben gegenüber. Dies dürfte einer der Gründe sein, warum Menschen dazu drängen, sich selber zu spüren, zu erleben und mit sich zu experimentieren. Darum ist die Musik laut bis zur Unerträglichkeit.

Darum saufen viele bis zur Fühllosigkeit, experimentieren mit Drogen und vielen Formen der Selbstverstümmlungen. Darum sind sie bereit, zu schlagen und geschlagen zu werden.

Ein vierter Wunsch: Sie wollen einen Namen haben und wissen, wer sie sind. Sie wollen sich selber und vor anderen kenntlich sein. Jeder Mensch hat das Recht, sich selber zu kennen und von anderen erkannt zu werden. Es gibt seit Alters her eine äußerst fragwürdige und gefährliche Methode, sich sich selber und anderen zu erklären, und zwar durch die Gewalt, die man ausübt; zumindest durch die Erinnerung an die Gewalt, die man ausgeübt oder erlitten hat. Ich gehe durch unsere Städte und lese die Straßennamen! Wie viele Straßen sind Erinnerungen an Gewalt: Die Waterloo-Plätze; die Sedanstraßen, die Roonstraßen, die Hindenburgstraßen. In Straßennamen erklären sich Kommunen, was ihnen wichtig ist, und damit, wer sie sind. Gewalt als Mittel der Selbstdefinition! Das Theologische Institut in Hamburg liegt an der Sedanstraße. Unsere Studierenden hatten ein gutes Gespür, als sie auf dem Höhepunkt der Friedensbewegung beim Ordnungsamt beantragten, Sedanstraße in Sesamstraße zu verändern. Gewalt hat selbstdefinitorischen Charakter. Junge Menschen sagen sich, wer sie sind, indem sie sich sagen, wen sie schlagen, beleidigen und besiegen können. Diese Mystik der Gewalt ist nicht neu. Sie hat eine lange Tradition in unseren Ländern. Aber das entschuldigt sie nicht und macht sie nicht besser.

Was kann sich ändern? Präventionsprogramme, Erziehungsprogramme, Integrationsprogramme werden, so notwendig sie sind, keine Lösung sein, wenn die Gesellschaft nicht eine andere wird. Wir sind in einer Kirche, und ich erinnere an einen religiösen Text, an Jesaja 58. Sinn und Recht, Lebbarkeit des Lebens und Gerechtigkeit sind dort miteinander verbunden. Das Versprechen für das Volk, das den Hungrigen sein Brot bricht, das die Nackten bekleidet und das die Unbehausten beherbergt, wird genannt: »Dein Licht wird hervorbrechen wie die Morgenröte, und deine Heilung wird schnell voranschreiten [...] Dein Licht wird in der Finsternis aufgehen [...] Du wirst rufen, und der Herr wird dir antworten. Du sollst einen Namen haben, du sollst heißen: der die Risse zumauert und die Wege ausbessert, dass man da wohnen kann.« Diesem Volk, das das Recht liebt und übt, wird ein bewohnbares Land mit einer bewohnbaren Sprache versprochen. Es wird nicht mehr in Sinnlosigkeitsgefühlen ersticken, seine Jugend wird nicht in Zynismus versinken. Sie wird sich nicht mehr des Mittels der Gewalt bedienen, um sich selber zu fühlen und sich zu sagen, wer man ist. Eine lesbare Welt wird versprochen, eine helle Welt; eine Welt, in der die Rufe der Menschen nicht im Nichts verhallen; eine Welt die einen Namen, einen inneren Zusammenhang hat und die für die Subjekte einsichtig ist. »Du sollst heißen: der die Risse zumauert und die Wege ausbessert, dass man da wohnen kann.« Ein solches Land braucht kein künstliches Nationalbewusstsein. Es braucht keine Denkmale als Erinnerung an sich selbst und an die eigene Stärke. Sein Stolz wächst, und es wird innerlich bewohnbar, wenn es äußerlich bewohnbar geworden ist, wenn das Leben dort für alle einsichtig und lebbar ist.

Die Konstruktion einer Gesellschaft lehrt Jugendliche Normen, indem sie sehen, nach welchen Normen gehandelt wird. Die Anthropologie einer Gesellschaft besteht zunächst nicht in Sätzen und Theorien über Mensch und Gesellschaft. Sie ist Gestalt geworden in der Art, wie unsere Kindergärten, Schulen, Gefängnisse, Altenheime, Stadtteile eingerichtet und erbaut sind. Was eine Gesellschaft von Kindern hält, das sagt sie nicht nur in ausdrücklichen Sätzen. Sie sagt es viel folgenreicher und einprägsamer darin, wie viele Spielplätze und wie viele Parkplätze sie vorsieht; wie viel Luft zum Atmen und wie viel genießbares Wasser sie ihren Kindern lässt und für sie vorsieht. Wer die Kinder sind; was sie von sich selbst zu halten haben; ob sie dem Leben vertrauen können, das lernen die Kindern nicht zuerst von Lehrern und aus Büchern. Sie lernen es daraus, wie die Welt für sie eingerichtet ist. Der Zustand einer Gesellschaft bildet. Er arbeitet an den inneren Bildern von Menschen, an ihrem Lebensvertrauen, an ihrer Hoffnungs- und Handlungsfähigkeit; an ihrer Lebensfreude. Oft kommen alle philosophischen und religiösen Sätze und Lehren zu spät gegen die gewaltigen Lehren, die das Leben selber sie gelehrt hat. Das Recht für die Nackten, die Brotlosen, die Hauslosen in einer Gesellschaft ist zugleich das Buch, in dem sie ihre eigene Sinnhaftigkeit, ihre Lebenszuversicht und ihre Hoffnung liest. Gerechtigkeit bildet Sinn. Barmherzigkeit ist die in den Institutionen übersetzte Lehre von der Lebbarkeit des Lebens.

Unsere jungen Menschen und wir alle brauchen Brot und die äußeren Mittel zum Leben – und wir brauchen mehr. In einem Gedicht aus Kuba heißen zwei Zeilen:

Gestillt werden kann der Hunger nach Brot,
Grenzenlos ist der Hunger nach Schönheit.

Lebensschönheit: Einen Namen zu haben und kenntlich zu sein. Menschen zu kennen, für die man stehen kann und die für einen stehen. Sein Leben an etwas Sinnvolles verschwenden zu können. Stark zu sein, und nicht vom Leben überrannt werden. Lebendig zu sein und nicht in narkotischer Dumpfheit zu vegetieren. Auch Schmuddelkinder träumen ihre verqueren Träume von der Schönheit des Lebens.

Gestillt werden kann der Hunger nach Brot,
Grenzenlos ist der Hunger nach Schönheit.

Ethik und Ästhetik

Von meiner frühen Kindheit an musste ich Ziegen hüten. Noch heute entzückt mich der silberne Klang eines meckernden Zickleins. Wenn abends die Tiere vollgefressen waren, war es nicht leicht, sie wieder in den Stall zu bringen. Es gab zwei Methoden, die nur moralische: Man zerrte das Tier an der Kette oder schob es von hinten. Eine lästige Arbeit und von bescheidenem Erfolg gekrönt. Die zweite Methode, die eher ästhetische: man hielt dem Tier ein Stück Runkelrübe vor die Nase, und es folgte willig und lüstern in den Stall, wo es seine Rübe bekam.

Die Nutzanwendung: Kein äußerer oder innerer Druck kann moralisches Verhalten gebären und auf Dauer halten. Natürlich wird meine Ziege aus Taktik folgen, wenn ich mächtig an der Kette ziehe. Sie weicht der Gewalt, aber sie ist nicht überzeugt. Die Moral leuchtet nicht in sich selber ein. Sie kann auch nicht mit Argumenten allein hergestellt werden, obwohl Argumente sie stützen können. Moral folgt der Lust, der Schönheit, dem Lebensreichtum, eben: der Runkelrübe. Das Evangelium als Runkelrübe! Jede Ethik muss zeigen, dass keiner bei ihren Vorschlägen verliert und dass sie dem Lebensreichtum von allen dient. Jeder Appell muss zugleich ein Versprechen sein. Auch der kritischste prophetische Einspruch muss noch Lebensschönheit offenbaren; muss die Täter erkennen lassen, dass dieser Einspruch Verlockung zu mehr Leben ist, natürlich für die Opfer, aber auch für die Täter.

Menschen lernen, wenn sie gebildete Träume haben. Aber lernen die Menschen nicht eigentlich aus den Lebenszerstörungen? Ich glaube es nicht. Die Katastrophen waren schon immer schlechte Lehrmeisterinnen. In einem Gespräch sagte jemand: Nach den Zerstörungen vom 11. September sind viele doch aufgewacht und nachdenklich geworden. Ich glaube, dass nur die Wachen wach geworden sind und dass nur die, die ein Gewissen haben, nachdenklich geworden sind. Und das ist die Hauptfrage: Wie wird man wach, und wie hat man ein Gewissen? Unsere Tradition ist mir deswegen wichtig, weil wir, wenn wir sie wahrnehmen, zu Menschen mit gebildeten Lebensträumen werden. Wissen schafft Gewissen. Ich meine nicht hauptsächlich empirisches Wissen. Ich meine die Kenntnis der Geschichten und Erzählungen der Würde und der Freiheit.

Moral folgt aus Lebensreichtum. Ethik folgt gebildeten Lebensträumen. In der Gefahr, diesen Satz zu verkennen, sind zunächst einmal die Propheten – im weitesten Sinn des Wortes. Sie sind gelegentlich untergangsfasziniert, und sie malen ab und zu die stimmigsten polit-apokalyptischen Kolossalgemälde. Man kennt dies manchmal aus Predigten, in denen die Schändung der Natur, die Ausplünderung der armen Welten, die Aufrüstung usw. zur stimmigen Beschreibung des Untergangs werden. Auch *Apocalypse Now* hat ihre schaurige Schönheit. Gegen die Untergangsästhetik haben wir im homiletischen Seminar einige Regeln entwickelt: Beschreibe das Unglück mit kalter Feder und lass dich nicht von ihm faszinieren! Sei genau bei der Beschreibung der Bosheit! Entgehe der fatalen Stimmigkeit bei der Beschreibung des Unglücks, und mache dir die Mühe, die Risse und die Widersprüche in der betonierten Welt zu finden und zu beschreiben! Der Glaube arbeitet an der Konfliktträchtigkeit von Tatbeständen und Situationen. Er begnügt sich nicht damit, ihre Verlorenheit zu beklagen. Mache deine Rede zwiespältig und beschreibe, was schon gelungen ist! Suche das Ja im Nein! Nur so entgehst du der Gefahr, von der gesicherten Hochkanzel den Untergang der Schiffe in der Ferne zu beschreiben. Vermeide die vergnügliche Hoffnungslosigkeit! Auf dem Kirchentag in Düsseldorf 1985 gab es ein Podium über das Politische Nachtgebet. Freimut Duve hat auf dem Podium eine kluge Frage gestellt: »Ist das Politische Nachtgebet ein politischer Gottesdienst, der die Gesellschaft sowohl *kritisiert* als auch *hoffen lehrt*?«

Ethik folgt gebildeten Lebensträumen. Moral folgt den Bildern des Lebensreichtums, die man zur Kenntnis genommen und lieben gelernt hat. Bei der Betrachtung unserer eigenen Tradition kann man die Verbannung der Poesie aus der kirchlichen Sprache nicht verkennen. Die Musik und die Lieder sind das Schönste, was wir haben. Die Kirchbauten sind schön, jedenfalls gelegentlich. Aber die Sprache unserer Gebete, Predigten, Lehren! Ich meine damit nicht die Durchschnittlichkeit der Predigenden und derer, die Gottesdienste machen. Wir sind Durchschnitt, und so wird auch unsere Sprache durchschnittlich sein. Wären wir doch Durchschnitt! Was ich beklage, ist, dass wir vielleicht gelernt haben, unsere eigene Traditionen zur Kenntnis zu nehmen, aber wir haben sie zu wenig lieben und sie als Schönheits- und Freiheitsgeschichten kennengelernt. Aus den Geschichten war die Empörung und der Aufruhr verbannt, die Heiterkeit und die Keckheit. Die Trennung der beiden Damen Schönheit und Wahrheit hatte zur Folge, dass die hässliche Dame Richtigkeit die Oberhand gewann. Die Poesie ging verloren. Die Runkelrübe wurde zum Runkelrübenersatzpulver, auf das keiner mehr Lust hatte.

Freundschaft und Genossenschaft

Ist Freundschaft immer eine Sache der Herzen, und besteht sie nur aus den Herzen, die einander zugeneigt sind? Es gibt offensichtlich Nähen von Menschen zueinander, die nicht zuerst aus unmittelbarer Herzlichkeit bestehen. Die Quäker, jene christliche Gruppierung, die im 17. Jahrhundert in England entstanden ist und die sich dem Frieden und der sozialen Gerechtigkeit verpflichtet weiß, nennen sich »Gesellschaft der Freunde«. Freunde und Freundinnen sind diese Menschen nicht, weil sie sich alle mögen. Freunde sind sie, weil sie eine Sache vereinigt; etwa ihr Gottesdienst, der in großen Teilen aus Schweigen besteht. Freundschaftlich verbunden sind sie in der gemeinsamen Arbeit am Frieden und am Recht. Es gibt also menschliche Nähen, deren Autor nicht das Herz ist, sondern die gemeinsam geglaubte und vertretene Sache. Die Parteifreunde verbindet die oft kühle Gemeinsamkeit eines Programms. Die Christen, die sich Brüder und Schwestern nennen, verbindet die Gemeinsamkeit ihres Glaubens. Oft ist das Herz recht unbeteiligt an solchen Freundschaften und Geschwisterschaften. Man fühlt sich zusammengehörig und muss sich dabei nicht unbedingt mögen. Ich war kürzlich auf einer Konferenz von Christen, die hart miteinander stritten. Ein Bischof wollte den Streit mildern und redete einen Teilnehmer des Streites mit Bruder an. Dieser empört: »Ich bin nicht Ihr Bruder!« Dann sagte er mit grimmigem Humor: »Also meinetwegen ›Bruder‹, es bleibt mir ja nichts anderes übrig.« Es blieb ihm nichts anderes übrig, weil etwas vorlag, das größer war als ihr Dissens. Die Herzen sprachen gegeneinander, aber eine gemeinsame Sache verband sie.

Nicht immer, aber oft schafft die gemeinsame Sache auch eine persönliche Nähe. Wenn ich in einer fremden

Stadt in einen Gottesdienst gehe und neben wildfremden Menschen sitze, sitze ich nicht neben ihnen, wie ich im Wartesaal eines Bahnhofs neben meinem Nachbarn sitze. Es ist ein Vorschuss an Nähe da, den die Einzelnen nicht erarbeitet haben und der aus der gemeinsamen Lebensoption besteht. Menschen blicken sich freundlich an, sagen ein Wort zueinander, obwohl sie wenig voneinander wissen und wenig miteinander zu tun haben. Diese Gemeinsamkeit erzeugt Lebenswärme, also Freundschaft. In einem wichtigen Ziel verbunden zu sein, dem man freiwillig zugestimmt hat, erzeugt mehr als eine reine zweckorientierte Genossenschaft. Man ist sich wenigstens in diesem Ziel einig, oft bei herzlicher Uneinigkeit.

Vielleicht braucht jede Freundschaft im ursprünglichen Sinn des Wortes, um intensiv und langfristig zu bleiben, zumindest eine gewisse Gemeinsamkeit in einem Dritten, in einer gemeinsamen Arbeit, in einem zusammen verfolgten Ziel oder in einer gemeinsamen Lebenssicht. Jeder hat es schon einmal erlebt, wie Freundschaften blass werden oder gar zerbrechen, wenn die Lebensziele auseinanderdriften. Die Freundschaft des Kriegsgegners und des Aufrüstungsbefürworters hat es nicht leicht. Eine Ehe eines religiösen Menschen mit einem Religionsverächter bleibt bedroht. Das Herz ist oft zu klein, wo ihm nicht geholfen wird von einer gemeinsam vertretenen Sache, von einer gemeinsamen Arbeit und einem geteilten Lebensglauben. Freundschaft ist eine Grundform der Liebe. Liebe aber braucht, damit sie bestehen kann, Kinder. Es müssen nicht immer leibliche Kinder sein. Es können gemeinsame Interessen sein, gemeinsame Arbeiten oder Lebensziele, für die man zusammen kämpft. Man findet sich im gemeinsamen Dritten. Nach alter katholischer Ehelehre kommt eine Ehe erst zustande, wo beide Partner Kinder wollen. Die krude Wörtlichkeit einer solchen Auffassung ist problematisch, aber wahr ist ihr Geist. Unmittelbarkeit kann nur gelingen, jedenfalls auf Dauer nur gelingen, wenn sich ein Drittes einstellt, ein »Kind«, ein gemeinsames Anliegen; wenn die Zuneigung sich verfremden und Gestalt gewinnen kann in wichtigen Themen und Arbeiten. Oft ist es so, dass das gemeinsame Dritte in einer Freundschaft oder einer Ehe Menschen zusammenhält, wo der unmittelbare Zugang zueinander schon schwer geworden ist. Menschen, die sich darin erschöpfen, sich in die Augen zu sehen, werden füreinander blind. Dagegen wachsen Menschen in ihrer Freundschaft und Zuneigung, wo man sich einig ist in einer gemeinsamen Sache. Freunde oder Liebende, die kein anderes Thema haben als sich selber, verholzen in ihrer Beziehung, denn weltlose Beziehungen werden auf Dauer langweilig. Die Konflikte werden schärfer und unlösbarer, wo sie nicht die gemeinsame Sorge um ein Drittes mildert. Zwei Menschen, die nicht mehr haben als sich selber und die sich selber immer das Wichtigste auf der Welt sind, sind sich auf Dauer nicht genug. Wir sind endlich, auch in unserer personalen Zuneigung. Aber die Grenzen werden weiter, und Menschen brechen ihre eigene Enge, wo sie voneinander abzusehen vermögen im Blick auf das gemeinsame Dritte. Freundschaften finden dort ihre Fülle, wo sie zugleich Arbeitsgemeinschaften sind; wo die Freunde zugleich Genossen sind.

Das Glück, gebraucht zu werden

Wenn man glücklich ist, spürt man sich selber nicht. Man ist bei dem Menschen, den man liebt, man vergisst sich. Man ist bei der Sache, für die man steht, man vergisst sich. Man ist in dem Buch, das man liest und das einen bannt. Man ist in der Musik, die man liebt, und man vergisst sogar, dass man Kopfschmerzen hat. Diese Selbstvergessenheit ist keine Moral oder Tugend, sie ist Glück. Unglück dagegen ist, sich selber stets gegenwärtig zu haben und unerträglicher Gast seiner selbst zu sein. Wie es eine Selbstvergessenheit gibt, die keine Moral, sondern Glück ist, so gibt es eine narzisstisch-selbstbezogene Anwesenheit der eigenen Person, die reines Unglück ist und die nicht moralisch zu beurteilen ist. So werden einsame Menschen oft egoistisch, einfach weil ihnen kein anderes Thema gewährt ist als die eigene Person. Ich erinnere mich an einen Besuch in einer Klosterkirche. Ich betrachtete die Figuren und Gemälde. Da kam ein alter Mönch auf mich zu, der offenbar schon lange auf einen anderen Menschen gelauert hatte. Er erklärte mir lange, umständlich und ohne meine Ungeduld zu bemerken die Kirche. Als ich mich endlich losmachen konnte, bat er mich fast flehentlich, am nächsten Tag wiederzukommen, er könne mir noch viel mehr zeigen. Der alte Mönch litt an dem Unglück, nicht mehr gebraucht zu werden. Er konnte sich selber nicht entkommen, weil er offensichtlich keine Menschen und keine Sache fand, für die er wichtig war. Und so war er sich selbst ausgeliefert. Man leuchtet sich selber nicht ein. Man kann nicht mehr wachsen, wenn man nicht gebraucht wird, man schrumpft auf sich selber zurück. Man leuchtet sich selber nur ein, wenn man liebt; wenn man für etwas kämpft oder leidet oder an etwas arbeitet. Man leuchtet sich selber ein, wenn man gebraucht wird. Ein wundervolles Glück in der Liebe oder in der Freundschaft ist, wenn ein Mensch sagt: Ich brauche dich! Es ist eine der schönsten Liebeserklärung, die man machen kann. Die Geliebte, der Geliebte macht sich schutzlos. Sie gestehen, dass man ohne einander nicht leben will und kann: Ich brauche dich! Es ist das größte Vertrauen, das Liebende einander schenken können, wenn sie ihre Unabhängigkeit und die eigene Autarkie aufgeben und sich in die Liebe des anderen flüchten: Ich brauche dich. Die Kälte des Lebens ist da hereingebrochen, wo man einander sagt: Ich brauche dich nicht mehr! Der Satz: Ich brauche dich! reißt Mauern ein, man ist nackt und schutzlos vor der Geliebten. Die Stärke dessen, der »am mächtigsten allein« ist, ist eher eine tödliche Stärke. Es ist die Herrschaftsstärke, die etwas ausrichtet, aber nichts gebiert. Jemanden brauchen und sich brauchen lassen, ist Lebensreichtum. Niemanden zu brauchen und sich nicht brauchen lassen, ist Lebensgeiz. Sich brauchen zu lassen, ist nicht nur gut und moralisch. Ich möchte es lieber mit einer ästhetischen Kategorie benennen: Es ist schön. Der hinwendungsfähige Mensch ist ein schöner Mensch. Der seine Bedürftigkeit bejahende Mensch ist ein schöner Mensch. Es gibt ein Wort im Neuen Testament, das ich liebe: überfließen. Damit ist die Liebe, die Großmut des Menschen gemeint, der sich selber nicht aufspart, der nicht mit sich geizt, sondern verschwenderisch mit sich selber ist. Sich verschwenden können – eine herrliche Kunst. Verschwenden hängt mit verschwinden zusammen. Aber man verschwindet gerade nicht, wenn man sich verschwendet. Wo man verschwindet hinter der Verschwendung, da ist sie falsch. Man hat oft von Frauen verlangt, dass sie sich verschwenden und zugleich verschwinden. Man hat die Tugend, sich brauchen zu lassen, vor allem ihnen zudiktiert. Eine Tugend, die nicht in gleicher Weise für alle gilt, ist ein Laster. Und alle Menschen haben das Recht, sich zu entziehen, wo nicht mehr verlangt wird als ihr Dienst und höchstens noch ihre schattenhafte Anwesenheit.

Ich brauche dich! ist ein verkappter religiöser Satz. Wer ihn spricht, weiß, was Gnade ist. Gnade ist nicht das Mittel, die Unterlegenheit des einen vor dem anderen zu überbrücken, auch nicht die Unterlegenheit des Menschen vor Gott. Gnade ist die Gewährung des Ansehens und der Liebe der Angewiesenen untereinander. Und so können wir nicht nur sagen, dass wir Menschen von der Gnade Gottes leben, er ist auch auf unsere Gnade angewiesen. Gott will geliebt werden, das sagen wir zwar in unseren Theologien, aber wir sprechen ihm gern die Liebesbedürftigkeit ab, indem wir uns immer nur seiner Erhabenheit, Souveränität und Unbedürftigkeit erinnern.

Lebendig sein heißt in Beziehungen stehen. Beziehungslosigkeit ist der Tod des Menschen, und eine der möglichen Beziehungen zu anderen und zur Welt ist, dass man nötig ist, dass man uns braucht und gebraucht. Mit dieser Kunst, sich brauchen zu lassen, hängt eine andere zusammen, die Kunst, jemanden zu brauchen. Ich halte sie für die viel schwerere Kunst. Es gibt Menschen, die jederzeit für andere da und bereit sind; die selbstlos jedem Hilferuf folgen, die sich aber viel schwerer damit tun, selber andere zu bitten und andere in Anspruch zu nehmen. Sie lassen sich brauchen, wagen oder wollen aber nicht andere brauchen. Vielleicht glauben sie, dass sie es nicht verdienen, andere zu brauchen. Vielleicht können sie nicht auf ihre kärgliche Unabhängigkeit verzichten. Wenn ich jemanden brauche, gebe ich zu, dass es nicht genug ist, mein eigener Souverän zu sein. Ich gebe in Demut zu, dass ich angewiesen bin und mit mir allein nicht auskomme. Die Angewiesenheit auf andere ist keine Schwäche, es ist Schönheit. Die eigentliche Größe des Menschen ist, diese Verwiesenheit zu bejahen und sich ihrer nicht zu schämen. Je geistiger ein Wesen ist, umso mehr ist es angewiesen und abhängig, und es schämt sich nicht dieser Abhängigkeit. Erst von einem Wesen, das seine eigene Hilfsbedürftigkeit nicht verleugnet, kann man sich helfen lassen, ohne dass diese Hilfe beschämt.

Das eine Unglück der Menschen ist, von niemandem gebraucht zu werden. Das andere Unglück besteht darin, nur als Instrument gebraucht zu werden. Benutzt werden heißt entwürdigt werden. Man ist ein Ding, man ist ein Instrument. Man ist sich nicht mehr Selbstzweck, man wird von anderen zu Zwecken benutzt. Es kommt dabei nicht auf die Person eines Menschen an, sondern auf die Funktion, die er ausübt. Wenn man zu diesen Zwecken nicht mehr taugt, ist man ein überflüssiger Fresser und kann eliminiert werden. Das ist das andere Unglück, nur für die Zwecke anderer zu existieren. Jedes den Menschen nicht schändende Gebrauchtwerden hat etwas mit Liebe zu tun: gebraucht werden als eine Möglichkeit, die anderen zum Leben verhilft, ob man nun gebraucht wird für Menschen, für eine Idee oder ein Ziel, das menschenwürdig und menschenfördernd ist. Ein humanes Gebrauchtwerden heißt, dass das Herz gebraucht wird, nicht nur die Hände. Wo dies nicht der Fall ist, ist man entwürdigt und nur noch Mittel zum Zweck. Es gibt Wörter in unserer Sprache, die diese Art von Benutzung anzeigen, etwa das Wort Menschenmaterial der Nazis oder das gebräuchliche Wort Humankapital. Auch das Wort Arbeitskräfte kommt in die gefährliche Nähe eines solchen Begriffs. Hier ist nur noch an die Verwendungsmöglichkeiten des Menschen gedacht.

Manchmal geht man Wege, die einen an den eigenen Ausgangspunkt zurückführen, ohne dass man sie vergeblich gemacht hätte. »Vom Glück, gebraucht zu werden« könnte ein Thema sein, das man vor 40 oder 50 Jahren in einem religiösen Journal für Barmherzige Schwestern finden konnte. Es war damals ein erwartbarer Titel in einer Zeit, in der Selbstlosigkeit alles war und in der die Entfernung von sich selbst und dem eigenen Glück Ziel in sich war. Wir haben uns dann langsam von den glücksfeindlichen Diktaten entfernt. Wir lernten Ich zu sagen und das Glück des eigenen Gedankens, der eigenen Erfüllung und der eigenen Sexualität zu verlangen. Wir lernten, uns selber zu beabsichtigen. Dann stellten wir fest, wie sehr man sich in der Selbstbeabsichtigung erschöpfen kann. Wir lernten, dass sie ein ebenso gefährliches Ziel ist wie die pure Selbstlosigkeit. Wir haben eine alte Wahrheit neu gelernt: wer seine Seele sucht, wird sie verlieren. Wer nichts anderes im Auge hat als sich selber, verheert sich und seine Welt. Nun sind wir wieder am alten Ausgangspunkt, ohne dass der Weg überflüssig war. Wir fragen nach dem Glück, das darin liegt, gebraucht zu werden. Aber wir fragen dies als solche, die sich nun selbst gelernt haben und die das eigene Glück nicht mehr scheuen. Wir lernen den Satz, der das Thema des letzten Vortrags von Dorothee Sölle war: »Wer nur das Glück sucht, sucht nicht Gott.« Weniger kann man eigentlich nicht suchen wollen.

Findet mich das Glück?

Normalerweise fällt mir das Schreiben leicht. Merkwürdig holprig aber nähere ich mich dem Thema Glück. Könnte es sein, dass Theologen mehr vom Unglück als vom Glück wissen? Könnte es sein, dass wir dem Glück misstrauen und es unterschätzen? Sind wir eher ins Unglück als ins Glück verliebt? Der Verdacht ist nicht von der Hand zu weisen, wenn ich sehe, wie die Themen von uns Theologen eher Schmerz, Leid, Schuld und Unglück sind als das Glück. Vielleicht ist das so, weil Unglück leichter darzustellen ist als das Glück und das Glücken. Vielleicht aber ist einfach die erste Aufgabe von Religion, sich um die Unglücklichen zu kümmern. Sie sind die ersten Adressaten jenes großen Versprechens vom Lebensglücken, das das Evangelium bietet.

Was heißt Glück? In dem Wort steckt das Verb gelingen. Glück ist das Gelungene oder der günstige Ausgang eines Ereignisses. In einem ersten und eher oberflächlichen Sinn ist Glück ein positives und zufälliges Ereignis, das den Menschen trifft wie etwa ein Gewinn im Lotto. Dieses Glück kann man kaum beeinflussen. Es kommt, dann hat man eben Glück. Es bleibt aus, dann hat man eben Pech. Der Ziegel, den der Sturm vom Dach weht, knallt gerade neben mir auf den Boden. Dann habe ich Glück gehabt; oder aber er trifft meinen Kopf, dann habe ich Pech gehabt. Man hat gelegentlich auch diesen Zufall herbeizuführen oder ihn abzuwenden versucht mit den Mitteln der Glücksbringer oder mit Gegenständen, die das Unglück bannen sollten: Das an die Wand genagelte Hufeisen soll Glück bringen. Die Hasenpfote soll das Unglück bannen.

Wenn sich Menschen am Anfang eines Jahres, eines neuen Lebensabschnittes, einer Taufe, eines Geburtstages Glück wünsche, dann wünschen sie ihnen nicht nur, dass ihnen kein Ziegel auf den Kopf fällt. Was also wünschen sie, und was ist das Glück? Es ist zunächst das Gelingen in den einfachen Dingen des Lebens, das Gelingen der Selbstverständlichkeiten. In einem alten Trausegen finde ich folgende Wünsche für das Paar: Ihr sollt Kinder haben; ihr sollt Freunde und Freundinnen haben, die euch in Freud und Leid zur Seite stehen; eure Arbeit soll gesegnet sein, und ihr sollt die Früchte dieser Arbeit genießen; ihr sollt miteinander alt werden und »die Ernte des Lebens« genießen. Den Menschen wird das Glück der Schöpfung gewünscht: dass sie Brot haben, das ausreicht; eine Arbeit, die sie erfüllt; ein Dach über dem Kopf, Gesundheit, Frieden. Wenn eines dieser Dinge fehlt, sind das Glück und die ruhige Selbstverständlichkeit des Lebens gestört. Es gibt übrigens ein selbstgemachtes Unglück, das darin besteht, nicht wahrzunehmen und nicht zu würdigen, dass man das Glück der einfachen Dinge hat. Es ist das Unglück mürrischer Leute, die haben, was sie brauchen, und die die Dankbarkeit nicht kennen und nicht das Lob der einfachen Dinge. Man muss das Glück auch lesen lernen in dem kleinen Gelingen des Lebens: dass man Brot hat, eine Wohnung, sauberes Wasser, Zeit zum Lesen und Spielen, eine Arbeit. Nicht erst das Unglück soll Menschen lehren, was Glück ist. Wer kein Brot hat, weiß, was Brot ist. Wer krank ist, weiß, was Gesundheit bedeutet. Oft weiß man es zu spät, weil man nicht gelernt hat, die Dinge, die schon geschenkt sind, zu loben. Das, was uns fehlt, drängt sich immer lautstark auf. Manchmal muss man ihm den Mund verbieten, damit man hört, was schon da und gelungen ist.

Das Glück ist gestört, wo die einfachen Dinge fehlen. Aber sie machen nicht das ganze Glück aus. Das tiefste Glück erfährt der Mensch in der Liebe, das tiefste Unglück in der Verlassenheit. Du bist mein Glück, sagen wir zu einem geliebten Menschen. Hier helfen keine Hasenpfote und kein Hufeisen. Das Glück der Liebe kann man nicht machen. Diesem Glück kann man kaum auf die Beine helfen. Es muss von selbst kommen. Die Dinge, von denen man am tiefsten lebt, kann man nicht herstellen: nicht die Liebe, nicht die Freundschaft, nicht die Vergebung. Sie sind gratis. Dieses Wort kommt von dem lateinischen Gratia, das heißt Gnade. Der Blick der Liebe wählt uns aus, ohne dass wir uns selbst zur Wahl stellen können. Dieses Glück findet uns. Es ist ein merkwürdiges Glück, das uns erfüllt und das uns ledig und frei von uns selber macht. Wenn uns das Glück der Liebe findet und wenn man sich nicht dagegen wehrt, verliert man alle Selbstbedachtheit. Man vergisst sich, man verliert sich, man besteht nicht auf sich selber, nicht einmal darauf, dass man dieser Liebe unwürdig ist. Im Weihnachtslied von Friedrich Spee heißt es: »In seine Lieb versenken will ich mich ganz hinab, mein Herz will ich ihm schenken und alles, was ich hab.« Es gibst eine Selbstaufgabe, die die höchste Form der Selbsterfüllung ist. Es gibt eine Selbstvergessenheit, die die höchste Form des Glücks ist.

Wider die Pflege der Trauerweiden!

Das Leben ist oft genug weniger freundlich zu uns Menschen, als wir es verdienen. Es gibt die große Trauer, wenn einem ein geliebter Mensch wegstirbt; wenn eine Liebe zerbricht; wenn man den eigenen Kindern nicht genug Brot und Zukunft geben kann. Das ist ein Schmerz und eine Trauer, denen man nicht ausweichen kann und die alle Ehre verdienen.

Es gibt aber auch eine Melancholie, eine Niedergedrücktheit und Trauer, die weniger Respekt verdient und die wie Staub über einer ganzen Kultur liegt. Es ist die Trauer derer, die eher zu viel als zu wenig im Leben haben.

Die Trauer der in der Schwebe Bleibenden

Da ist zunächst die ästhetische Trauer derer, die sich nicht entscheiden wollen, obwohl sie sich entscheiden könnten. Ich sage es an einem einfachen Beispiel aus unseren Kirchen. Im Augenblick ist in diesen Kirchen der Überdruss an Neuorganisation, technischer Kirchenreform und an der Veräußerlichung des kirchlichen Lebens groß. Es müsste mehr Spiritualität, mehr Gebet und mehr geistiges Leben geben, höre ich allenthalben. Ich stimme dieser Klage zu. Zugleich erscheinen mir die Klagenden oft wie eine Herde Kühe, die an einem wundervollen See stehen und darüber klagen, sie hätten kein Wasser. Sollen sie doch trinken oder wenigstens das Maul halten! Warum gelingt es den Menschen nicht, aus ihrer Unentschiedenheit herauszutreten, in unserem Fall: zu beten, die Bibel zu lesen, in den Gottesdienst zu gehen und damit dieser selbstgemachten Schwermut zu entkommen. Es gibt die Melancholie derer, die vor den Entscheidungen stehen und sich nicht entscheiden wollen. Sich entscheiden heißt sich festlegen. Sich entscheiden heißt, den quälenden Allmöglichkeiten entkommen und eine Möglichkeit zu ergreifen. Jede Entscheidung heißt, sich selber zu begrenzen und sich der anderen Möglichkeit zu entschlagen. Jede Entscheidung heißt, den Schmerz zu bejahen, nicht mehr alle Möglichkeiten zu haben. In unserem kirchlichen Fall: Die Kühe müssten endlich von diesem Wasser trinken und nicht mehr darauf warten, bis es das allerbeste der Wässer gibt. Jede Entscheidung heißt, sich selber Grenzen zu setzen. Grenzen engen ein, aber ohne Grenzen kann man nicht leben. Man kann ohne sie nicht wissen, wer man ist und wohin man gehört. Unser altes Leiden war, dass die Grenzen zu eng und den Menschen von der Tradition oder von der Gesellschaft diktiert waren. Die neue Pein scheint die Grenzenlosigkeit der Möglichkeiten zu sein.

Die Trauer der reichen Jünglinge

Jede Entscheidung heißt Verarmung. Man lässt das Viele und wählt das Eine. Jede Entscheidung heißt Intensität. Es gibt keine Intensität ohne einen solchen Vorgang der Verarmung. Könnte es sein, dass gerade der – noch bestehende – Reichtum unserer Gesellschaften uns zermürbt und uns in eine falsche Trauer und Zerrissenheit stürzt? »Überflüssige Dinge machen das Leben überflüssig!«, sagt Pasolini in seinen »Freibeuterschriften« kategorisch. Es gibt eine seelische Gesundheit, die nicht ohne Vereinfachung des Lebens zu erreichen ist. Von der Generation meiner Großeltern bis heute ist man dabei, Grenzen zu sprengen, und sieht man das Glück in der Grenzenlosigkeit des Lebens. Mehr, höher, schneller sollte alles sein und gehen. Ein Allmachtsrausch hat uns erfasst, nachdem wir uns aus der äußeren Enge des Lebens herausgearbeitet haben. Wir glauben, alles stände zu unserer Verfügung: die Tiere, die Zeiten, die Pflanzen. Wir können uns nur denken als die Herrscher und die Sieger über das andere Leben. So können wir nicht mehr geschwisterlich mit dem Leben umgehen. Nur ein Wesen, das weiß, dass es endlich ist, ist ein geschwisterliches Wesen. Wir werden lernen müssen, die zerstörerische Grenzenlosigkeit aufzugeben. Ich plädiere für eine alte Tugend, die Bescheidenheit. Ich meine damit nicht nur, dass wir uns einschränken, weil in unseren Welten so viel verschwendet wird und weil damit unseren Nachkommen die Lebensmöglichkeiten genommen werden. Wir müssen lernen, dass die größere Lebensintensität und Lebenssüße nicht in der Omnipotenz der Welt gegenüber liegen, sondern in der Geschwisterlichkeit mit ihr. Unsere Grenzen werden enger, und darum werden wir vielleicht mehr von der Welt erfahren als alle, die alles von ihr erfahren und benutzen wollten. Noch einmal Pasolini: »Überflüssige Dinge machen das Leben überflüssig.« Man kann den Satz umdrehen: Die Einfachheit des Lebens macht es einleuchtend. Einfachheit vertreibt die Melancholie.

Die Trauer der Zuschauer

In den geistlichen Überlieferungen hat man oft vor der Acedia gewarnt. Es ist ein merkwürdiges Wort, mit dem Trägheit und Trauer in einem gemeint sind. Man könnte es mit Lebensfaulheit übersetzen. Es ist die Melancholie der reichen Jünglinge und Jungfrauen, denen es äußerlich nicht schlecht geht, die sogar zu viel haben, um wirklich am Leben arbeiten zu müssen. Sie erschöpfen sich darin, das Leben zu beklagen, statt an ihm zu arbeiten. Es sind die süßlichen Klagen derer, die das Leben nicht wirklich verwundet hat. Sie sind nicht dumm. Sie sehen, wie die Welt zu Tode aufgerüstet wird, und sagen: Was soll man machen! Sie sehen, wie durch Menschenschuld die Welt unwirtlich wird, und sie sagen: Was können wir schon ausrichten! Sie flüchten sich in eine hilfreiche Hoffnungslosigkeit, die sie davor bewahrt, für die Güte der Welt ihrer Kinder zu arbeiten. Sie sagen: Wir würden ja gerne etwas tun, aber wer garantiert uns denn, dass unsere Arbeit Erfolg hat? Sie wollen eine Portion Hoffnung als Vorschuss vor jeder Arbeit. Aber die bekommen sie nicht. Die Hoffnung und damit das Gefühl von Lebenssinn wachsen erst, wo man Hand anlegt. Acedia: Trauer und Trägheit fallen zusammen! Vor einem Giftgaslager zu protestieren; einen Kranken zu waschen; ein Kind zu trösten; die Zerstörung der Atemluft der eigenen Nachkommen nicht hinzunehmen, dies treibt einem die falsche Trauer aus. Daniel Berrigan, der amerikanische Jesuit, der wegen seiner Friedensarbeit lange im Gefängnis war, wurde einmal gefragt, woher er eigentlich die Hoffnung für den Erfolg seiner Arbeiten nähme. Seine Antwort: Meine Hoffnung liegt in meinem Hintern und in meinen Beinen. Wenn ich irgendwo vor einem Waffenlager sitze und protestiere, dann verwelkt meine Hoffnungslosigkeit. Wenn ich in einem Protestmarsch mitgehe, dann zertreten meine Füße die Melancholie. Man kann nicht glücklich sein, wenn man sich nur selbst zum Ziel hat. Es gibt eine Gedämpftheit, ein staubiges Lebensgefühl, wenn man nicht für das Leben der anderen sorgt. Wer nicht mehr liebt als sein eigenes Leben, wird es verlieren. Das hat schon die Bibel gewusst, und das weiß jeder Therapeut. Es ist Zeit, die Geduld zu verlieren mit der Selbstpflege und der »selbsteigenen Pein« der Trauerweiden. Das Leben ist zu kurz, und die Welt steht dazu zu sehr auf dem Spiel. Es gibt eine selbstverschuldete und tränenlose Trauer. Mit ihr habe ich kein Mitleid mehr; sei es, dass ich sie bei mir selbst finde; sei es bei anderen. Sie ist eine Beleidigung der wahrhaft Trauernden, und sie hat das Versprechen nicht, das jenen gemacht ist: Selig sind, die da Leid tragen, denn sie sollen getröstet werden!

Eine Ehrenrettung von Sitten

In diesen Tagen hatte eine uralte Tante ihr Jahrgedächtnis. Mein Sohn war zur Gedächtnismesse gekommen. Ich fragte ihn: »Du solltest doch heute einen Vortrag in Nürnberg halten, wieso bist du hier? Ist dein Vortrag ausgefallen?« – »Nein«, sagte er. »Ich habe mich entschuldigt. Es gehört sich einfach, dass ich heute dabei bin.« Ich staunte. Mir wäre in seinem Alter das »Es gehört sich so!« nicht über die Lippen gekommen. Wir haben damals rebelliert gegen die »man«-Sätze: »Man tut das so« oder »Es gehört sich so.« Wir wollten selbst Subjekte unseres Denkens und unseres Handelns sein, und wir hatten recht. Wir lebten in meiner eigenen Jugend in Zeiten, in denen wir den Diktaten des Allgemeinen unterworfen waren. Es war uns immer schon gesagt, wie man sich verhalten, wie man glauben, lieben, die Kinder erziehen sollte. Die »man«-Sätze waren oft nicht aus Weisheit und Lebenserfahrung gefunden. Es waren Regeln, die von oben nach unten galten und die Autoritätsverhältnisse regelten. Es waren Regeln, die hauptsächlich für Kinder und Jugendliche galten: Man redet nicht, wenn Erwachsene reden! Man wäscht sich die Hände vor dem Essen! Man steht auf, wenn der Lehrer die Klasse betritt! Es waren Imperative, Sätze mit Ausrufezeichen; oft nicht ohne Weisheit, aber die Weisheit war ein Diktat, kein Angebot. So haben wir gegen diese befohlenen Welten protestiert, und wir mussten es tun, wenn das eigene Ich nicht verloren gehen sollte. In jenen Zeiten der vielen Befehle hat man zu viel gewusst. Man hat zu genau gewusst, wie Kinder sich gegen Erwachsene verhalten sollen, Frauen den Männern und Arbeiter ihren »Brotgebern« gegenüber. Wir haben in jener Rebellion einiges zertrümmert, was hätte gerettet werden sollen. So ist es nun einmal. Das Erwachen des Geistes geht oft einher mit der Ruinierung alter Lebenslandschaften. Es gibt gelegentlich unvermeidliche Irrtümer.

Mein Sohn lebt in einer anderen Welt. Ihn hat man nicht mit Verhaltensdiktaten drangsaliert. Er ist in einer anderen Weise Subjekt seines Denkens und Verhaltens. Er ist freier, und er ist einsamer; einsamer, weil er gezwungen ist, sein Verhalten selber zu erfinden. Er hat keine Vorlagen, die ihn drangsalieren. Er hat aber auch nur wenige Vorlagen, die ihm Vorschläge für sein Verhalten machen. Er muss immer Subjekt sein und sich neu erfinden. Wir haben gegen das enge Korsett von Sitten und Gepflogenheiten gekämpft. Er muss sich Lebenssitten schaffen, die ihn vor der unfruchtbaren Mühe befreien, ständig »authentisch« zu sein. Ich liebe das Wort »Sitten«, es hat nichts mit Moral zu tun. Es sind Verhaltensvorschläge und Lebensregeln, die von zermürbenden Entscheidungszwängen befreien. Wo es Sitten gibt, sind wir nicht nur auf die Kraft unseres eigenen Herzens angewiesen. Ich setze dabei immer voraus, dass Sitten keine autoritäre Diktate sind, sondern geronnene Lebensweisheiten, die mich von meiner eigenen Zufälligkeit befreien. Sitten sind Selbstbegrenzungen, die unsere Freiheit fördern und nicht zerstören. Mein Sohn lebt freier, wenn er diesen Satz »Es gehört sich so!« kennt. Natürlich behält er sein Kündigungsrecht gegen solche Vorschläge. Aber er hat sich, indem er auf sie hört, selber Grenzen gesetzt. Man kann nur schwer ohne Grenzen leben. Das weiß jeder, der einmal auf einem völlig leeren großen Parkplatz parken wollte. Mein Sohn fragt sich also nicht in falschem Authentizitätszwang, ob es ihm jetzt so danach zumute ist, in die Jahresmesse für die alte Tante zu gehen. »Es gehört sich so!«, und er beugt sich – vielleicht mit Humor – jener Weisheit.

Ich wende meine Überlegung auf den Fall des Betens an und stelle mir vor, es hat sich jemand zur Sitte gemacht, jeden Morgen zu einer bestimmten Zeit einen Psalm zu beten. Niemand hat ihm die Sitte diktiert. Niemand sagt ihm, er würde sündigen, wenn er nicht betete. Dieser Mensch befreit sich mit seiner Sitte oder seiner Gewohnheit von dem Diktat seiner augenblicklichen Stimmung. Er fragt nicht, ob ihm gerade jetzt und in dieser Stunde, die er mit sich selbst ausgemacht und damit zur Sitte erhoben hat, so fromm zumute ist. Er betet, weil es Zeit ist, nicht weil er in Stimmung ist. Er fragt nicht, ob sein Herz auch völlig parat ist für seinen Psalm. Man kann ja oft lange warten, bis das Herz parat ist. Er hat Humor mit seiner eigenen Halbheit. Die Sitte, die er nicht verachtet, macht ihn langfristig, und sie macht ihm das Leben leichter. Wir haben ein Recht auf solche Lebenserleichterungen, und unsere Ganzheit besteht aus vielen geglückten Halbheiten.

Das Alter und seine Weisheit

Wer ist ein alter Mensch? Es ist ein Mensch, der eine Erfahrung von vielen Jahren hat; der kleine Siege und große Niederlagen kennt; der geliebt hat und geliebt wurde; der schuldig geworden ist; der in seinen physischen Kräften eingeschränkt ist; der immer mehr ein bedürftiges und angewiesenes Wesen ist; der am Ende seines Lebens steht und der mehr Freunde auf dem Friedhof als in der Stadt hat.

Ich frage mich, welche dieser Kennzeichnungen einen Menschen in die Nähe der Weisheit bringen. Vielleicht die Erfahrung, die man gemacht hat? Das war eher in alten und kaum sich ändernden Zeiten so, in denen wirklich der am meisten wusste, der am längsten gelebt hatte, viele Jahre das Wetter beobachtet, das Vieh versorgt und mit Menschen umgegangen ist. Weisheit hat mit Wissen zu tun, und in der Tat war der ein gefragter Ratgeber in alten Welten, wer lange Jahre das Leben beobachtet hatte. Diese Zeiten sind vorbei. Das Wissen, das ich gestern gewonnen habe, wird heute schon von meinen Enkeln belächelt. Die Welt dreht sich zu schnell, als dass mein Wissen von gestern heute noch brauchbar wäre. Dabei veraltet nicht nur technisches Wissen rasch, sondern auch Wissen über die Art und das Wesen der Menschen, das man noch am ehesten der Weisheit zurechnet. Wie z. B. hat sich das »Wissen« über Sexualität verändert, das wir aus den alten Welten mitgebracht haben; die Auffassung von Ehe, vom Umgang mit Kindern? Wir Alten haben viel gelernt, viel verlernt und vieles neu gelernt. Das nun scheint mir ein Moment möglicher Weisheit: die Skepsis »Endgültigkeiten« gegenüber. Zur Weisheit gehört das Misstrauen systematischem Denken und »unbezweifelten Theorien« gegenüber. Man lernt mit Vorbehalten und Zweifeln den augenblicklichen Gültigkeiten gegenüber zu leben. Skepsis, Misstrauen, ja, sogar Pessimismus sind Momente der Weisheit, und die Skepsis hat schon viele Leben gerettet.

Was könnte einen alten Menschen weiser machen? Seine Schuld und seine Niederlagen. Wer gelebt hat, ist an der Schuld und am Verrat nicht vorbeigekommen. Wer lebt, kommt an den Niederlagen nicht vorbei. Zur Weisheit gehört Güte. Ich kann mir nicht vorstellen, dass ein Mensch gütig wird, der Schuld und Niederlagen nicht kennt; der nur stark und souverän ist. Wer verraten hat, wird vom Verräter wissen: Er ist wie ich. Wer schuldig geworden ist, wird vom Schuldner wissen: Er ist wie ich. Im 3. Buch Mose steht der Satz, den wir auch aus dem Lukasevangelium kennen: »Liebe deinen Nächsten wie dich selbst.« Martin Buber übersetzt wohl richtiger: »Liebe deinen Nächsten, er ist wie du«, oder wie es in der späteren Buber-Übersetzung heißt: »Halte lieb deinen Genossen / dir gleich!« Ähnlich übersetzt es der französische Philosoph Emmanuel Lévinas: »Liebe deinen Nächsten; das bist du selbst.« Es geht also nicht darum, die Liebe zu sich selber zum Maßstab der Nächstenliebe zu machen. Die Israeliten sollten daran erinnert werden, dass der Nächste – ob Freund oder Feind – wesensgleich mit einem selber ist. Der neben mir schuldig geworden ist – er ist wie ich; der Verräter – ich bin wie er. Die Lebensschulden nicht zu verleugnen und der Zerstörungen, die wir angerichtet haben, zu gedenken, gehört zur Altersweisheit und zur Güte dieser Weisheit.

Der alte Mensch kann sich immer weniger durch sich selber rechtfertigen. Er ist bedürftig und angewiesen, und er wird es täglich mehr. Angewiesen zu sein kann einen Menschen bitter machen, der Verlust der eigenen Stärke und Unabhängigkeit kann ihn verzweifeln lassen. Es kann einen aber auch erkennen lassen, was zum Menschen gehört: ein bedürftiges Wesen zu sein. In den wichtigsten Dingen des Lebens ist man angewiesen, man braucht die anderen. Man kann sich nicht selber küssen; man kann sich nicht selber vergeben (wenn kein anderer vergibt), man kann sich nicht selber schön finden (außer man ist mit Dummheit gesegnet); man kann sich nicht selber begnadigen. Der humanste Zug eines weisen Menschen ist, dass er versteht, was Gnade ist. Und dies lernt er spätestens an der eigenen Bedürftigkeit.

Das Leben des alten Menschen ist befristetes Leben. Natürlich ist so das Leben von uns allen, ob alt oder jung. Aber wir Alten wissen es genauer. Man sagt immer, man könne seinen eigenen Tod und sein Ende nicht denken. Das glaube ich nicht. Dass mein Vater und meine Mutter gestorben sind; dass drei meiner Geschwister gestorben sind; dass meine Frau tot ist, dies hat mich meinen Tod gelehrt. Wenn man ihn nicht gar zu sehr verdrängt und nicht zu große Ängste hat, hat man den Tod im Gedächtnis. Man fragt sich, wenn man sich von fernen Freunden trennt: Werde ich sie wiedersehen? Man fragt sich, wenn man in der fremden Stadt oder am Meer ist: Werde ich noch einmal hierherkommen? Man lebt final, vom Ende her. Man lernt daraus: Alles hat ein Ende. Die Endlichkeit gehört zum Wesen des Menschen und der Welt. Dies zu wissen, ist ein Moment der Weisheit. Zur Weisheitsliteratur gehört das Buch des Predigers Salomo (»Kohelet«), und dieser weise Prediger kennt die Endlichkeit der Dinge und des Menschen: »Es geht dem Menschen wie dem Vieh: Wie dieses stirbt, so stirbt auch er, und sie haben alle einen Odem. Es ist alles aus Staub geworden und wird wieder zu Staub.« (Kohelet 3,19-20) Ich nenne diese pessimistische Heiterkeit ein Merkmal der Weisheit. Pessimistisch: man kennt den Tod als Ende allen Lebens, aller Entwürfe, aller Versuche. Heiter: Man ist gefeit gegen die falschen Absolutheiten. Ich gebe zu: Dieser Pessimismus ist der gefährlichste Zug der Weisheit. Es könnte sein, dass man, überwältigt von der Endlichkeit des Lebens, nichts mehr ernst nimmt; die Gefahr könnte sein, vor lauter Lebensekel nur noch die Toten zu preisen, »mehr als die Lebendigen, die noch das Leben haben«. (Kohelet 4,2)

Es gibt einen Kanon, der an den Prediger Salomo anknüpft und der etwas hinzufügt:

Alles ist eitel, du aber bleibst,
und wen du ins Buch des Lebens schreibst.

Auch dieses Lied stimmt ein in die Endlichkeit und Vorläufigkeit aller Dinge. Aber es ist nicht das Einzige, was es zu singen weiß. Es fügt hinzu, dass es einen bleibenden Grund des Lebens gibt. Werden und Vergehen, Aufblühen und Verwelken sind in das Buch des Lebens gezeichnet. Sie sind lesbar und damit nicht völlig sinnlos. Es gehört wohl zur Weisheit des Alters, dass man alle Niederlagen, alles Verwelken und selbst den Tod als Ankunft im Land lesen kann, das noch »kein Auge gesehen und kein Ohr gehört« hat. Dies kann der Glaube im direkt religiösen Sinn sein. Es kann auch ein weltlicher Glaube sein, in dem Menschen einfache Sätze sagen: Das Leben ist gut, und nichts stürzt in eisige Sinnlosigkeit. Dieser Glaube an den Sinn des Lebens ist im Alter nicht leicht. Man hat im Laufe der Jahre bei sich und der Welt viel gesehen und erlebt, was der Güte des Lebens widerspricht. Es ist nicht einfach, in allen Schmerzen, Niederlagen und Zerstörungen »die ewige Zier« zu sehen und mit Goethes Faust zu sagen: »Ihr glücklichen Augen, was je ihr gesehn, es sei, wie es wolle, es war doch so schön.«
Ich habe vier Momente einer möglichen Weisheit des Alters genannt, den Zweifel den augenblicklichen Gültigkeit gegenüber; die nicht geleugnete Schuld und die Niederlagen, die den Menschen gütiger machen; die Bedürftigkeit, die man lernen muss, und schließlich den Glauben an Gott. Dies alles kommt nicht einfach mit den Jahren. Die Weisheit des Alters hängt davon ab, wie das Leben mit einem umgegangen und wie man mit dem Leben umgegangen ist. Wer hauptsächlich Zerstörungen erfahren hat, dem wird es nicht leicht fallen, das Leben gutzuheißen. Wer immer nur stark und Meister seiner selbst sein wollte, dem wird es schwer fallen, die eigene Bedürftigkeit anzunehmen. Wer nie zum Leben gekommen ist, dem wird auch der Tod nicht leicht sein.

Kleine Leute in großen Schuhen
VORTRAG VOR PFARRERINNEN UND PFARRERN IN BERLIN

Als Schüler, selber katholisch und in einer katholischen Welt lebend, war ich befreundet mit dem Sohn eines evangelischen Pfarrers. Gelegentlich war ich in der Familie zum Essen eingeladen. Ich bewunderte in scheuer Ehrfurcht die Kultur dieses Hauses. Ich bewunderte, wie die Menschen dort miteinander umgingen, leiser, höflicher, gesitteter, als ich es kannte. Die Kinder und die Eltern spielten Instrumente. Überall standen Bücher, und diese Menschen waren anders belesen, als ich es aus meiner Welt kannte. Es war ein gesittetes Haus, aber es war kein heiteres Haus. Es gab in diesem Haus nichts Beiläufiges. Alles war komponiert, und alles passte zu allem. Es war, als ob die Menschen, die in dieser Welt wohnten, immer eine Spur zu gemäßigt, gezügelt und gedämpft lebten. Der Pfarrer war kein »Allherrscher Vater«, wie wir ihn aus Jean Pauls »Selbsterlebensbeschreibung« kennen. Er war ein großer, schlanker Mann, ein leiser und gebildeter Mensch. Sein Vater und sein Großvater waren schon Pfarrer gewesen. Das Bild dieses Hauses, das für mich das Ideal aller Häuser war, war ruiniert, als sich der Sohn aus diesem Haus umbrachte.

Dies war das einzige evangelische Pfarrhaus, das ich in jungen Jahren kannte. Besser kannte ich die katholischen Pfarrhäuser. Der Unterschied war auffällig. Die katholischen Pfarrer waren meistens dicker und heiterer als die evangelischen. In ihren Häusern waren wenige Bücher zu finden. Es waren die erwartbaren Dogmatiken, Heiligenlegenden und Kirchenväter. Während Bücher den Geist jenes evangelischen Pfarrhauses inszenierten, war die Szene im katholischen Haus durch Heiligenbilder, ein Bild des Papstes, das große Kreuz oder die Lourdesmadonna bestimmt. Die katholischen Pfarrer, die ich kannte, kamen meistens aus bäuerlichen oder kleinbürgerlichen Familien. Sie waren oft die Ersten, die eine höhere Schule und ein Studium absolviert hatten. Wir hatten vor ihnen eine andere Scheu als vor jenem evangelischen Pfarrer, eine widersprüchliche Achtung. Sie gehörten als geweihte und damit der Normalität enthobene Personen nie ganz in den irdischen Bereich (ich erinnere mich, dass wir als Kinder einmal darüber nachdachten, ob ein Pfarrer wie gewöhnliche andere Menschen auf die Toilette musste oder ob es für ihn höhere Techniken gab). Wir haben sie als Menschen oft nicht ganz ernst genommen. Man ging selten zu ihnen etwa in Eheangelegenheiten oder bei Schwierigkeiten bei der Erziehung der Kinder. Von ihren Predigten hatte man wenig erwartet. Die Vorstellung, dass es eine gute oder eine schlechte Predigt geben könnte, kam mir erst sehr viel später. Ob sie lang oder kurz war, war der Gütemaßstab. Predigt war Predigt, man hat sie ertragen, und alle freuten sich auf die Schulferien, die zugleich Predigtferien waren.

Der Pfarrer ist nicht zu denken ohne das Haus. Er lebt nicht allein, er ist nicht nur, der er ist. Er lebt in einem Haus, an dem viele gebaut haben und das viele erbaut. Man war und man ist ja nicht auf abstrakte Weise Pfarrer (und neuerdings auch Pfarrerin). Diese Menschen leben in einem sozialen Arrangement, in szenischen Kontexten, die sie nicht selber und nicht allein herstellten. Diese »sozialen Lebenswelten« (Schütz) waren früher stärker und prägender, weil die Institution Kirche, der sie dienten und aus der sie verstanden wurden, unbefragter und selbstverständlicher waren. Ein Pfarrer war in jener alten Welt nie nur er selber. Er hatte eine von allen gewusste und von den meisten anerkannte Rolle. Man wusste, was von ihm zu erwarten war, was er also tun oder lassen sollte. Es galt, was Markus Orths von seinem katholischen Kandidaten sagte: »Er wusste, er musste diesen oder jenen Aufgaben nachkommen, diese oder jene Verpflichtungen auf sich nehmen, diese und jene Haltungen verkörpern, und er [...] folgte dem Bild, das man entworfen hatte, und erfüllte alles, was man ihm antrug, und er fand im Erfüllen seine Erfüllung, wie er sagte, weil er sah, dass es gut war, was er tat, dass es dem entsprach, was man von einem angehenden Priester zu erwarten pflegte.« Der Mann im Pfarrhaus lebte ein vorgefertigtes Leben, er sprach eine vorgefertigte Sprache, die nicht nur die seine war, sondern eben die Sprache des Pfarrhauses und der Kirche. Es gibt eben nicht nur den Pfarrer, sondern den Habitus des Pfarrers. Das heißt nicht, dass die Rolle die Person vollständig verschluckt hätte, aber sie hat sie bestimmt. Der Person lag ein Muster des Verhaltens vor, des Sprechens und des Denkens; des Liebens und des Umgangs mit Menschen, das sie zu einem Typ machte, zum Typ Pfarrer. Die Rolle, die er vorfand, war leicht und schwer zugleich. Sie war leicht, weil der Pfarrer nie nur er selber sein musste. Man hörte auf ihn, weil er der Pfarrer war, und nicht nur deswegen, weil er etwas Kluges sagte. Die Rolle war schwer, weil die Menschen von ihm erwarteten, dass er der Tugendbold seiner Gemeinde war. Seine Ehe soll halten, wenn schon alle anderen zerbrechen. Er soll der Fels in der Brandung der Zeit ein, wenn schon alles andere zerbröckelt. Diese Überhöhung des Pfarrers und seines Hauses findet man bei Jochen Klepper, der gegen die Erfahrung im eigenen Elternhaus – sein Vater war Pfarrer – schreibt: »Das aber ist das Größte, das vom Pfarrhaus gesagt werden kann, dass Er – der auf Erden nichts hat, da er sein Haupt hinlege, und welchen doch Gott gesetzt hat zu seiner Rechten im Himmel – Wohnung darin genommen hat und in ihm waltet und wirkt.« Welcher Maßstab wird hier an Menschen gelegt, nicht nur an den Pfarrer, sondern auch an seine Frau und seine Kinder? Die vielen literarischen Beschreibungen eines sich selbst und seinem Beruf nicht genügenden Pfarrers, des geizigen, des verlogenen, des bourgeoisen Pfarrers, arbeiten heimlich mit jenem Maßstab der Vollkommenheit, die von ihm erwartet wird. Dieser Maßstab führt oft zur Karikatur des Pfarrers, der es zuwege bringt, niemals außer Dienst zu sein, selbst nicht im Umgang mit seiner Frau. Ich frage mich, ob nicht der Mönch und das Kloster mehr, als man es in einer evangelischen Umgebung erwarten sollte, das ungenannte Vorbild des Pfarrers und seines Hauses war.

Es gibt den Pfarrer, der in seinem Habitus ertrinkt. Und es gibt wunderbar widerborstige Figuren, deren Freiheit des Geistes nicht am Diktat der Rolle scheitert. Eine Rolle kann die Individualität einer Person verhindern, sie kann sie auch hervorbringen. Vielleicht ist das Problem einer modernen rollenschwachen Gesellschaft, dass die Subjekte sich immer selbst gebären müssen. Es liegt ihnen nichts vor, an dem sie sich abarbeiten müssen, keine Rolle mit ihren sozialen Erwartungen, keine Lebensmuster. Es ist ihnen nicht zugemutet, etwas auszufüllen, und es ist ihnen nicht möglich, mit einem Muster zu brechen, weil so wenig vorliegt, womit man brechen kann. So sind unsere Rollenfiguren, unsere Väter, Mütter, Pfarrer, Lehrerinnen zwar ehrlicher, aber auch blasser, weniger knorrig. Könnte es sein, dass man gerade darum weniger ein »Original« werden kann, weil die Rollenzumutungen geringer geworden sind?

Das Pfarrhaus als möglichen Ort der freien Geister sieht man am deutlichsten vielleicht an den Kindern, die aus solchen Häusern kommen. Gottfried Benn spricht von der geistig-züchterischen Leistung des protestantischen Pfarrhauses. Solche Häuser haben ihre Kinder nicht kalt gelassen. Fast alle bekannten Figuren, die aus Pfarrhäusern stammen, haben ein gespaltenes Verhältnis zu ihrer Herkunft. Ich denke an C. G. Jung, an Jochen Klepper, an Gottfried Benn, an Ruth Rehmann und an viele andere. Diese Häuser haben ihre Kinder nicht gleichgültig und nicht unverwundet gelassen. Viele Pfarrerskinder sind über ihren Wunden zu freien Geistern geworden. Viele Pfarrerskinder sind an ihren Wunden gestorben wie der Freund, von dem ich am Anfang erzählte. Viele Pfarrerskinder sind über ihre Wunden nie hinweggekommen. Heinrich Böll sagte einmal im Gespräch: »Wenn ich gelegentlich Literaten oder Philosophen mit einer verbissenen Abwehr gegen Kirche und Christentum treffe, denke ich fast automatisch: das müssen Pfarrerskinder sein.« Ich glaube nicht, dass dies gegen diese Häuser spricht. Nur ernsthafte Sachverhalte können einem Wunden schlagen. Der Geist ist streng, allerdings darf man Strenge nicht mit Geist verwechseln. Aber es gibt keine ernsthafte Idee, keine tiefe Lebensoption, die dem Menschen nicht die Entscheidung zumutet, zu gehen oder zu bleiben, sich zu bekennen oder abzuschwören. Zustimmung und Abschied setzen Welten voraus, die erkennbar und klar sind. Nur solchen Welten kann man zustimmen oder sich von ihnen verabschieden.

Die Zeit der festen Rollen ist vorbei. Der Pfarrer und nun auch die Pfarrerin sind nur noch sie selber, es schützt, ermuntert und verdirbt sie immer weniger ein diesem Beruf vorliegendes Muster. Sie sind, die sie sind. Ihre Worte werden nicht gehört, weil sie aus dem Mund des Pfarrers oder der Pfarrerin kommen. Sie werden gehört und bedacht, insofern sie gut sind. Sie werden geehrt, insofern sie ehrenhaft sind, und nicht, weil sie einen geistlichen Beruf haben. Pfarrhäuser und Pfarrer werden unkenntlicher, sie werden nicht mehr an ihrer Kleidung erkannt, heute nur noch wenig an einem beruflichen Einheitsvokabular, nicht mehr an der Art, wie sie mit ihren Partnern und mit ihren Kindern umgehen. Das bedeutet zunächst eine größere Freiheit. Sie sind nicht mehr Opfer ihrer Rolle, und das Pfarrhaus ist keine Opferstätte der Individualität mehr. Aber es bedeutet auch eine oft zu schwere Last. Sie müssen sich ständig ausweisen und ständig beweisen, noch mehr: Sie sollen ihre Botschaft ausweisen. Das Evangelium wird für so gut gehalten, wie die Pfarrerin oder der Pfarrer ist, die es predigen. Das aber ist zu viel für die Schulter eines Menschen.

***

»Keine Angst – ich bin Pfarrer«, hat Ihr Bischof ursprünglich als Arbeitstitel über diesen Tag geschrieben. Mit diesem Satz werde ich spielen. Es gab früher Autoritätsfiguren, die gute Vorlagen in Angstträumen abgaben: Der Lehrer, der Polizist und eben auch der Pfarrer. Keine Angst, liebe Pfarrer und Pfarrerinnen! Niemand hat mehr Angst vor Ihnen. Die Frage ist vielmehr: Vor wem haben wir Angst? Wie sieht ein Pfarrer, eine Pfarrerin aus, die mit ihren Ängsten umgehen können? Sie zu überwinden, wird uns selten gelingen. Es wäre schon viel, sich nicht von ihnen bannen zu lassen. Ich habe viel in der Pfarrerfortbildung gearbeitet und dabei zwei Sachverhalte gelernt; einmal wie wichtig und schön dieser Beruf ist, zum zweiten, wie schwer er ist. Menschen, die dort arbeiten, haben meinen höchsten Respekt, und darum erlauben Sie mir im Folgenden ein bisschen Spott und Respektlosigkeiten.

Ich höre einen ersten ermunternden Zuruf: *Keine Angst liebe Pfarrerin! Ich bin nur die Gemeinde.* Eine Erinnerung aus einem Kurs eines Pastoralkollegs: Eine Schauspielerin hat die Diskussionen in diesem Kurs verfolgt und daraus ein Sketch gemacht: Die Pfarrerin predigt über die Schönheit und den Wert der Mutterschaft. Sie wird unterbrochen von ungehaltenen Rufen von Frauen, die keine Kinder haben. Die Pfarrerin segelt nun vom Wert der Mutterschaft zum Wert der Frauen, die kinderlos sind und ihre Zeit der Gemeinde zur Verfügung stellen. Es melden sich einige Lesben, die weder Kinder haben noch in der Gemeinde arbeiten. Wiederum wechselt die Pfarrerin ihr Thema und lobt deren Existenz. Die Pfarrerin verliert sich und ihre Nachricht in dem puren Interesse, ihrer Gemeinde zu gefallen und zu sagen, was sie hören will. Wir wollen geliebt werden. Das ist bei allen Berufen so, in denen man nicht nur eine objektive Leistung erbringen soll, sondern in denen Nähe zu Menschen erwartet wird. Der Wunsch, anerkannt und geliebt zu werden, ist nicht falsch. Falsch ist nur, wenn er über alles andere triumphiert und wenn man ihm alles opfert, z. B. die Wahrheit und sich selbst. Der erste Schritt zum Umgang mit diesem Problem ist es, dieses zu erkennen. Wovon man weiß, dem verfällt man nicht so leicht. Der zweite Schritt, der Diktatur des Wunsches nach Anerkennung zu entkommen, ist der Humor sich selbst gegenüber. Humor schwächt die Kraft unserer Fehler. Wir werden ihnen nie ganz entkommen. Aber in dieser humorvollen Güte uns selbst gegenüber lernt man, mit ihnen umzugehen. So nenne ich eine Eigenschaft meiner liebsten Pfarrerin: Sie ist nicht näheversessen. Sie erträgt es, dass nicht alle ihre Gemeindeglieder jederzeit ihre Freunde sind. Je mehr wir uns selbst schätzen, umso weniger werden wir uns unseren Gemeinden ausliefern.

Ein zweiter Ruf: *Keine Angst, liebe Gemeinde! Ich bin nur der Pfarrer.* Wir sind in den Augen unserer Gemeinden nicht nur die Pfarrer und die Pfarrerinnen. Alle, die vorne stehen; die ein erstes Rederecht haben; die einen Titel und einen Talar haben, sind auch die Projektionsfiguren für andere. Die Menschen, mit denen wir umgehen, werden immer mehr in uns hineinsehen, als wir sind. Sie werden uns größer sehen, als wir sind. Sie werden uns kleiner sehen, als wir sind. Sie werden uns als die besseren Väter und Mütter sehen, vielleicht auch als die besseren Liebhaber und Liebhaberinnen. Wir sind nie so gut, wie die Gemeinden uns sehen. Wir sind nie so schlecht. Es braucht eine zweite humoristische Kraft: Neben dem Humor uns selbst gegenüber brauchen wir den gütigen Humor mit unseren Gemeinden. Dieser Humor verschafft uns die Distanz, die wir dringend brauchen. Man muss auch wissen, dass wir nie wirklich gemeint sind, wenn die Konfirmandinnen sich in uns verlieben oder wenn ein Frauenkreis in kollektiver Liebe einen Pfarrer umschwärmt und ihm Strümpfe strickt. Auch das ist eine Form des Missbrauchs, so eitel zu sein, die Zuneigung zu unserer Rolle mit echter Liebe zu verwechseln. Wir müssen wissen, dass die Macht und die Öffentlichkeit einer Person die wirksamsten Erotica sind. Zur pastoralen Klugheit und zum Schutzauftrag unseren Gemeinden gegenüber gehören Nüchternheit und Distanz. Mit überraschenden Sätzen zitiere ich den amerikanischen Sozialphilosophen Richard Sennett:

> Heute dominiert die Anschauung, Nähe sei ein moralischer Wert an sich. ... Es dominiert ein Mythos, demzufolge sich sämtliche Missstände der Gesellschaft auf deren Anonymität, Entfremdung, Kälte zurückführen lassen. Diese Ideologie verwandelt alle politischen Kategorien in psychologische. Sie definiert die Menschenfreundlichkeit einer Welt ohne Götter: Menschliche Wärme ist unser Gott.

Es gibt keine Nähe ohne Distanz. Ein verblüffendes Zitat von Sennett:

> Die Menschen sind umso geselliger, je mehr greifbare Barrieren zwischen ihnen liegen. ... Man kann es noch anders ausdrücken: Um sich gesellig zu fühlen, bedürfen die Menschen einer gewissen Distanz zu anderen. Wird der intime Kontakt gesteigert, so geht die Geselligkeit zurück.

Darum mein nächster Satz: Mein liebster Pfarrer schützt die Menschen, besonders die jungen Menschen, mit denen er umgeht, durch die Distanz zu ihnen. Distanz heißt nicht Kälte. Sie ist eine Eigenschaft der Liebe.

Und noch ein Zuruf: *Keine Angst, liebe Pfarrerin! Ich bin nur die Bibel.* Meine liebste Pfarrerin weiß, dass sie ohne Lehre nicht Lehrerin sein kann. Darum studiert sie täglich und fleißig die Bibel. Wir sind nicht die Tugendböcke unserer Gemeinden. Auch uns verstört und reinigt der Zweifel. Auch wir haben Schwierigkeiten in unseren Ehen und mit unseren Kindern. Auch uns geht das Beten nicht leicht von der Zunge. Wir sind nicht von Beruf fromm. Aber es gehört zu unsrem Beruf, eine Lehre zu haben. Das Grundbuch unseres Selbstverständnisses ist die Bibel. Darum die Frage: Wo lernen wir unsere Lehre? Wo lernen wir lieben, was wir lehren? Eine Lehrerin ist eine Person, die zeigt, was sie liebt. Unsere Rede wird unweigerlich zum unerträglichen Geschwätz, wenn es nicht Sitte wird, uns regelmäßig in das Dokument unseres eigenen Ursprungs zu vertiefen.

Wir Alten haben einmal gegen das enge Korsett von Sitten und Gepflogenheiten gekämpft; damals zu Recht, denn es kann auch Sitten geben, die uns von der eigenen Mitte reißen. Es ist heute anders. Wir brauchen Lebenssitten, die uns vor der unfruchtbaren Mühe befreien, ständig »authentisch« zu sein. Das alte Pfarrhaus war nicht nur aus Steinen gebaut, es war aus Sitten gebaut, aus festen Zeiten, aus festen Bräuchen und Gewohnheiten, die die Menschen von sich selbst entlasteten. Viele dieser Sitten sind uns fremd, und ich empfehle sie nicht. Es bleibt aber die Frage nach den Konturen unserer eigenen Tage. Wo, wann und mit welchem Ritual lesen wir die Bibel, beten wir, hat die Lektüre ihren festen Ort? Wenn wir uns zu solchen Sitten nicht entschließen können, liegt es nicht daran, dass wir dafür keine Zeit haben, sondern dass wir keine geistige Kraft dazu haben. Wir klagen über die Überlast in unseren Berufen, und die Klage hat ihr Recht. Aber zugleich gibt es die geheime Lust, sich in Geschäftigkeiten zu erschöpfen. Die Geschäfte wollen sich immer vordrängen vor die köstlichen und unentbehrlichen Nutzlosigkeiten wie das Gebet, die Meditation und die Lektüre.

Wir sind oft überfordert durch intensive und exquisite Formen besonderer Frömmigkeit, die uns nahegelegt werden durch das große und hilflose Wort Spiritualität oder durch besondere hehre Formen der Frömmigkeit, die im Schwange sind. Alles, was Dauer hat und Dauer haben soll, ist einfach, gewöhnlich und glanzlos. Man braucht sich nicht unter den Druck besonderer Intensität und Erfahrungen drängen zu lassen. Am Morgen einen Bibelabschnitt zu lesen und ihm 5 Minuten Zeit zu lassen; am Abend den Psalm und bei der Autofahrt ein Vaterunser zu beten und dies regelmäßig zu tun, das ist nicht erhebend, aber es ist auf Dauer möglich. Alles, was man regelmäßig tut, tut man mit halber Ganzheit. Vielleicht setzt sich unsere eigene innere Ganzheit aus gelungenen Halbheiten zusammen.

Ein weiterer Zuruf: *Keine Angst, kleiner Pfarrer, vor zu großen Schuhen!* Mein liebster Pfarrer vertritt nicht nur sich selbst und die Reichweite seines eigenen Glaubens und Verstehens. Er vertritt eine Sache, die älter ist als er selbst und die größer ist als das eigene Herz. Wenn wir predigen, lehren, taufen, den Segen im Gottesdienst sprechen, gehen wir immer in Schuhen, die uns zu groß sind. Wenn ich einen Gottesdienst besuche, habe ich es mit dem Glauben relativ leicht. Ich bette mich in die großen alten Versprechen der Psalmen, der Lieder und des Evangeliums und erlaube mir, keine Zeit auf die Frage zu verschwenden, wie wahr die Wahrheiten sind, die dort gebetet, gesungen und gepredigt werden. Es singen, beten und hören so viele mit; es haben diese Psalmen vor mir so viele meiner Toten gesungen und gebetet. Die Stimmen der Lebenden und der Toten sind Zeugen der Wahrheit der alten Versprechen. Vielleicht geben sie den Versprechen gelegentlich mehr Wahrheit, als sie haben. Nein, ich bin nicht unkritisch ihnen gegenüber, und wenn man mit offenen Augen durch die Welt geht, ist der Zweifel an ihnen nicht ganz zu vertreiben. Er ist der Schatten meines Glaubens, ohne den dieser mir zu bedenkenlos wäre. Wer, der sich in der Welt umsieht, die nach dem Johannesevangelium durch den Glauben schon besiegt ist, zögert nicht und sieht sich so oft vergeblich nach diesen Siegen um? Wer spricht den Satz vom Sieg des Glaubens nicht manchmal mit grimmigem Humor angesichts der so wenig überwundenen Welt um

① Unser Glaube ist der Sieg, der die Welt überwunden hat
Mein Konfirmationsspruch.

uns und in uns? Aber, wie gesagt, wenn ich in den Gottesdienst gehe, halte ich mich nicht gerne mit meiner Skepsis auf. Ich schütte das Fragment meines Glaubens in den Strom der Glaubensfragmente meiner lebenden und toten Geschwister und bekomme mehr Stimme, als ich allein haben könnte. Meine Ohren glauben die alten Versprechen deutlicher, als das Herz sie glauben kann. Das macht nichts. Wir sind zum Glück ja nicht nur mit unseren Herzen fromm, sondern auch mit unseren Ohren, die den alten Texten ein Gastrecht einräumen. Wir sind fromm mit unserem Mund, wenn wir singen »Er ist der Erst, der stark und fest all unsre Feind hat bezwungen.« Man muss nicht völlig authentisch sein, wenn man glaubt. Die Kirche ist auch eine Glaubensverleihanstalt, man schmuggelt sich dort in den Glauben der lebenden und toten Geschwister ein.

Viel schwieriger finde ich es, auf der Kanzel zu stehen und den Glauben zu predigen. Die Predigenden sind kleine Leute, die in zu großen Schuhen gehen. Sie haben ihren kleinen Glauben und gelegentlich auch ihre großen Zweifel und sollen von der Ganzheit des Lebens erzählen. Sie sollen sagen, dass die Glaubenden von Gott geboren sind, wie es im Johannesevangelium heißt – welch großes Wort im kleinen Mund! Ich habe immer Mitleid mit den Predigenden, die Lieder singen, für die ihre eigene Stimme zu schwach ist. Kein Mitleid habe ich mit uns Theologen, wo wir nicht mehr erschrecken vor dem, was wir sagen, oder wo wir die Demut verlieren vor der nicht zu lösenden und nicht aufzugebenden Aufgabe, den Armen das Evangelium zu verkünden. Die Gefahr dieses Berufes ist, dass man gar nicht mehr merkt, dass man nicht glaubt oder dass der eigene Glaube karg ist. Das dauernde Reden der hehren Worte hat diese geläufig gemacht. Es könnte eine Redewelt entstehen, in der die Worte ihre Gültigkeit haben, weil sie dauernd gesprochen werden, weniger darin, dass sie geglaubt werden. Es besteht die Gefahr, dass man eher an die Worte glaubt als an Gott. Auch das ist ja eine Form des Unglaubens. Die Wirklichkeit hat es gelegentlich schwer, erkennbar zu werden unter dem Horizont der immer schon beredeten Welt und der verbrauchten Geheimnisse. Vielleicht sollte man erst predigen, wenn man sich seines Unglaubens so sicher ist wie seines Glaubens.

Ich gestehe: Je älter ich werde und je mehr ich rede, umso mehr erschrecke ich vor dem was ich sagen muss: Der Tod wird nicht mehr sein, sage ich mit der Apokalypse. Ich sage »Christus ist erstanden von den Toten« oder »Selig sind die Armen«. Mein Gott, was sage ich? In einem reinen innertheologischen Lispeln kann man das aneinanderfügen. Aber die »reine Theologie ist verweigerte Weltwahrnehmung« (J. B. Metz). Schwer wird die Sprache wenn wir angesichts des Tsunami und angesichts der Fluten von Pakistan die Verheißungen nach der Sintflut sagen: »Ich richte meinen Bund mit euch auf, dass hinfort nicht mehr alles Fleisch verderben soll durch die Wasser der Sintflut.« Eine gute theologische Sprache ist eine schwere Sprache, die uns nicht leicht von den Lippen geht.

Aber wir haben die schwere Aufgabe, mit unserer schwachen Stimme das Geheimnis Gottes zu sagen. Die Gefahr ist, dass wir aus eigener Glaubensschwäche bei den Sagbarkeiten bleiben; bei den kleinen Wahrheiten, die jedermann eingängig sind. Was mich in den letzten Jahren zunehmend stört, ist der geringe Mut zur großen und ins Unsägliche ausgreifenden Sprache; die Bescheidenheit, in der wir uns darauf beschränken, das aus der Bibel herauszulesen, was man mit menschlicher Stimme sagen kann, ein bisschen Moral und ein bisschen Menschlichkeit. Moral und Menschlichkeit sind viel, aber die Bibel ist das Buch der Unsagbarkeiten, es ist das Buch, das Gott und Christus nennt. Ich zitiere Holm Tetens, einen Philosophen aus Berlin, der nicht in der Kirche ist und der die Christen an ihre eigene Stimme erinnert und der ihre theologische Fahnenflucht beklagt.

»Ich habe Taufen und Konfirmationen erlebt, wo ich mir verwundert die Augen gerieben habe, ob ich in der richtigen Veranstaltung sitze. Es herrschte eine Umtriebigkeit und Geschäftigkeit wie in einer billigen Unterhaltungssendung, es war von allem möglichen Schönen bis Kitschigen die Rede, nur nicht vom Gott und Herrn der Christen. Bei vielen Worten zum Sonntag traue ich meinen Ohren nicht: Da werden billigste und banalste Lebensweisheiten, wie man sie auf dem boomenden Markt der Psychotherapie und in einschlägigen Esoterikkreisen jederzeit zu hören bekommt, zum Besten gegeben, nur von einem ist nicht die Rede, vom Gott und Herrn der Christen. … Man will nur allen Menschen die frohe Botschaft bringen und opfert sie in Wahrheit der ›Einschaltquote‹. Die ›Einschaltquote‹, das wichtigste Gebot unserer Zeit für die Gefallsucht, einer der mächtigsten Götter unseres Medienzeitalters.«

Was erleichtert mir, der alten Nachricht zu vertrauen, ihr zu glauben und sie weiterzusagen?

Ich überlege, wer diese Nachricht unter Seufzen und Tränen gehört und ihr geglaubt hat, und ich glaube dem Glauben dieser alten Hörer und Hörerinnen.

Ich sehe die Seufzenden dieser Welt und Gegenwart und erkenne, dass die Botschaft dieser alten Stimme für sie unerlässlich ist. Ihr Schmerz macht mir die Nachricht glaubwürdig.

Ich erschöpfe mich nicht in der Behauptung der Korrektheit der Bibeltexte, sondern ich erkenne und bewundere ihre menschenfreundliche Schönheit.

Ich höre die alte Stimme und spreche ihr nach, noch ehe mein Herz an sie heranreicht. Ich glaube der Botschaft auf Probe und lerne so den Glauben.

Und ein letzter Ruf: *Keine Angst, liebe Pfarrerin, vor den Pfarrkonventen!* Ich habe einige Züge meines liebsten Pfarrers, meiner liebsten Pfarrerin genannt. Ich sage einen weiteren Satz: Meine liebste Pfarrerin geht mit freudigem Herzen und eiligen Schritten zu den Pfarrkonventen und zum Pastoralkolleg. Sie hat eine Lehrerin, mit der sie einmal im Jahr ihre Predigten, ihren Konfirmandenunterricht und ihre Konflikte bespricht. Sie weiß: Allein bist du klein! Es gehört viel Mut dazu, sich in die Karten schauen zu lassen. Es gehört viel Mut dazu, sich wehrlos zu machen. Es gehört größter Mut dazu, sich selber zu sehen und sich sehen zu lassen, wie man ist.

Ich sage damit etwas gegen die Gefahr der individualistischen Selbstgenügsamkeit in unseren Berufen. Ich höre an vielen Stellen, die Pastoralkollegs sind schlecht besucht; die Pfarrkonvente sind schlecht besucht, oder sie sind langweilig und unerheblich. Unerheblich ist das, was wir unerheblich sein lassen. Wir haben kostbare Stellen in unserer Kirche, an den wir unserer Einsamkeit und unserer Selbstgenügsamkeit entkommen können. Wir haben Stellen, an denen wir uns vergewissern können, was wichtig und was richtig ist. Man weiß nicht, wer man ist, wenn man nur mit sich selbst umgeht, und man weiß nicht, was man tut, wenn man als Gesprächspartner hauptsächlich sich selber hat. Vielleicht kamen die Pfarrer in früheren Zeiten mit sich selber aus, als die Welten noch klarer waren; als man Inhalt und Grenzen der zu verkündigenden Lehre wusste; als das Christentum einzigartig und unbefragt war; als die Aufgaben des Pfarrers klar definiert waren und die Kirchenleitungen autoritär. Autoritäre Zeiten sind formal klare Zeiten, wenn auch nicht der Wahrheit dienliche Zeiten. Es gibt ja auch trügerische Klarheiten. Das war die Zeit der definierten, festen und sich nur wenig verändernden Welten. Man fuhr immer nach genauen Fahrplänen und exakten Landkarten in diesen kirchlichen Landschaften. Diese Zeiten sind vorbei, Gott sei Dank! Wir wollen sie nicht zurück. Die alten Landkarten und Fahrpläne taugen wenig für eine Zeit des raschen Wechsels und der dauernden Umbrüche. Wir sind mit Fragen konfrontiert, die man früher kaum kannte: Wer bin ich als Pfarrer oder Pfarrerin in meiner Gemeinde? Was ist in ihr wichtig? Was ist meine Theologie? Die neuen Fragen kann man sich nicht allein beantworten. Man kann nicht bei sich selber Zuflucht nehmen, denn die Wahrheit gibt es nur im Dialog und im Zusammenhang mit anderen. Es gibt sie nur für heute, wie es das Manna in der Wüste nur für einen Tag gegeben hat. Morgen ist die heute gefundene Lösung vielleicht schon wieder schief. Darum plädiere ich dafür, die Orte nicht zu vernachlässigen, an denen wir miteinander aushandeln, was richtig und wichtig ist. Ich denke an so bescheidene Orte wie die Pfarrkonvente, gegen die oft ein solcher Missmut herrscht. Natürlich sind sie nicht gerade Höhen der Erleuchtung, auch ihnen gegenüber muss man seinen Humor haben. Aber es können Stellen sein, an denen man mit Geschwistern zusammen einen halben Schritt weiter kommt in der Wahrheit für heute; einen halben Schritt weiter in der Vergewisserung der Wege, die zu gehen sind. Weiter kommen wir nur, wo wir zusammen gehen. Wir sind bedürftige Wesen. Das ist die Gnadenstruktur unserer Existenz und keineswegs unser Mangel. In den wichtigsten Angelegenheiten unseres Lebens kommen wir nicht mit uns allein aus. Wir können nicht allein klug sein, wir können die Wahrheit nicht allein finden, wir können uns nicht allein korrigieren und unserer Blindheit entkommen. Wir sind nicht autark, wir sind angewiesen. Es ist eine unserer Schönheiten, dass wir uns verdanken; verdanken der Gnade Gottes und der Gnade unserer Geschwister. Mir ist es zu anstrengend, autark zu sein und mit der eigenen Kärglichkeit auszukommen. Das heißt Kirche sein, dass man nicht einsamer Meister seines Lebens sein muss. Es könnte sein, dass der Gedanke der Kirche bei uns Protestanten unterbelichtet ist.

Liebe Geschwister, mein größter Wunsch für Sie ist, dass Sie Ihre eigene Arbeit schätzen. Wir kennen den Größenwahn, der darin besteht, sich selbst für bestens und für unentbehrlich zu halten. Es gibt einen anderen Größenwahn, in dem man sich sagt: Ich sollte eigentlich der Beste sein, aber ich bin es nicht. Meine Arbeit ist zu gering, ich erreiche zu wenige Leute, meine Predigten werden nicht gehört und beachtet, die Gottesdienste sind leer. Was soll diese meine Arbeit überhaupt? Ich kann mir kaum einen wichtigeren und schöneren Beruf vorstellen als den Ihren mit seiner staubigen Kärrnerarbeit. Sie arbeiten mit Ihrem Konfirmandenunterricht, am Krankenbett, auf der Kanzel, mit Jugendlichen an den inneren Bildern von Menschen. Sie trösten ihre Seele und sorgen für ihr Gewissen. Ich möchte ein großes Wort sagen: Sie arbeiten am Heil der Welt. Meistens säen Sie nur und erleben die Früchte Ihrer Saaten selten. So liegt die Sünde der Mutlosigkeit nahe. Man verliert die Hoffnung und die Kraft, wenn man nur darauf starrt, was nicht ist und was mangelt. Man lernt hoffen, wenn man sieht, was jetzt schon blüht. Sie arbeiten für eine Kirche und an einer Kirche, die noch nie so schön war, wie sie heute ist. Noch nie hat die Kirche herrschenden Gewalten so wenig gedient, wie sie es heute tut. Noch nie war die Kirche so aufmerksam auf den Frieden und auf das Recht der Armen, wie sie es heute ist. Natürlich sagen wir, wenn wir nicht verblendet sind: Es ist nicht genug! Nein, genug ist es nicht. Aber es ist viel. Wir sind blind, wenn wir nur den Mangel sehen. Ich sehe eine andere Wahrheit und nenne sie mit <u>Heinrich Böll</u>: »Unter Christen ist Barmherzigkeit wenigstens möglich, hin und wieder gibt es sie: Christen, und wo einer auftritt, gerät die Welt ins Staunen. [...] Selbst die allerschlechteste christliche Welt würde ich der besten heidnischen vorziehen, weil es in einer christlichen Welt Raum gibt für die, denen keine heidnische Welt je Raum gab: Für Krüppel und Kranke, Alte und Schwache, und mehr noch als Raum für sie: Liebe für die, die der heidnischen wie der gottlosen Welt nutzlos erschienen und erscheinen...« So lange die Kirche aufmerksam ist auf jene Lebensverlorenen, so lange ist sie selber nicht verloren, und sie darf den Namen Gottes anrufen. Eine Religion allerdings, »die nicht den Mut hat, für die Menschen zu sprechen, hat auch nicht das Recht, von Gott zu reden.« (Luis Espinal). Ja, die Kirche ist ein widersprüchliches Gebilde, wie sie es von Anfang an war. Aber sie ist wenigstens widersprüchlich. »Alles ist relativ außer Gott und dem Hunger.« (Pedro Casadaliga) Sie arbeiten am Namen Gottes und gegen den Hunger der Menschen. Was kann man Größeres sagen?

Bibelstellenverzeichnis

Radius-Verlag · Alexanderstraße 162 · 70180 Stuttgart
Fon 0711.607 66 66   Fax 0711.607 55 55
www.Radius-Verlag.de   e-Mail: info@radius-verlag.de